Lilo Schwarz

Rider Waite ganz einfach

Begegnungen mit der Bildsprache des Rider Waite® Tarot

AGM
URANIA

Hinweis: Die Informationen in diesem Buch sind nicht dazu gedacht, einen Arzt oder Therapeuten zu ersetzen. Eine Haftung der Autorin bzw. des Verlags für Personen-, Sach- und Vermögensschäden ist ausgeschlossen.

Originalausgabe
1. Auflage 2006
ISBN 10: 3-03819-066-7
ISBN 13: 978-3-03819-066-0

Umschlaggestaltung: punkt KOMMA strich, Freiburg i. Br.
Layout & Satz: Antje Hellmanzik
Druck der Karten: Carta Mundi, Belgien
Druck des Booklets: pbtisk, Tschechien
Produkt Manager: Silvie Bachmann
Lektorat: Astrid Ogbeiwi
www.uraniaverlag.ch – www.tarotworld.com

Lilo Schwarz

Rider Waite ganz einfach

Begegnungen mit der Bildsprache des *Rider Waite® Tarot*

AGM
URANIA

Inhalt

Der Reihe nach

Inhalt

Ordnung muss sein

Tarot für Herz + Verstand

diese Box hat es in sich

Sie halten eine bunte Mischung aus 78 Kartenbildern und einem Booklet in Händen, alles in wunderbaren Farben und auf kleinstem Raum. Diese Werkzeugkiste bietet Ihnen in übersichtlicher Form das Wichtigste, um mit dem Tarot an eigenen Themen zu arbeiten und Ihren Alltagsfragen auf die Spur zu kommen. Die Bilder sind für das Herz, und der Text ist für den Verstand. Kombinieren Sie beides und pflücken Sie das Resultat.

Wie? Schnuppern, spielen, lernen, ausprobieren, mischen, abheben, wählen, ziehen, entdecken, bestätigen, in Kontakt kommen, Bilder ins Herz lassen und Bilder vom Herzen ins Bewusstsein dringen lassen, erkennen und ... nutzen, Erkenntnisse in den Alltag integrieren.

Spielend zu neuen Erkenntnissen

light + kompakt

Zu jeder Karte finden Sie im Booklet zwei Texte:

light spricht direkt zu Ihnen und schlägt Ihnen etwas vor. Selbstverständlich können Sie es befolgen oder auch nicht oder nur als Anregung zu einer selbst formulierten Ermutigung nutzen.

kompakt beschreibt jede Karte aus ihrer Bildsprache heraus und verwebt so die Symbolik mit den Farben und Formen. ***kompakt*** dient Ihnen zur Anschauung und soll Ihre Themen und Fragen bildhaft bereichern. Jeder Impuls, alles was Ihnen dabei in den Sinn kommt, ist Teil der Deutung. Auch Ihre erste Reaktion aus dem Bauch heraus, wenn Sie die Karte umdrehen und anschauen.

Bevor Sie aber zur Deutung kommen, brauchen Sie eine Frage oder ein Thema, welches Sie beschäftigt. So können Sie vorgehen:

- Legen Sie alle Karten offen aus und wählen Sie wie aus einem Bilderbuch eine, die durch ihr Bild zu Ihrem Thema oder zu Ihrer Frage passt oder auch zeigt, wo Sie gerade stehen. Betrachten Sie sie und lesen Sie im Booklet nach, was dazu geschrieben steht.
- Mischen Sie nun die Karten und ziehen Sie blind eine Karte, die Ihnen zum gleichen Thema eine Sicht des Unbewussten, sozusagen ein Angebot des Tarot, vermittelt. Lesen Sie auch zu dieser Karte den Text im Booklet. Nun haben Sie zwei Sichtweisen zur gleichen Fragestellung, eine aus dem Bewusstsein und eine aus dem Unbewussten. Vergleichen und ergänzen Sie.

- Sie können aber auch eine Tageskarte ziehen, die Ihnen am Abend hilft, den Tag zu reflektieren oder am Morgen eine Helferkarte, die Sie im Alltag unterstützt.

- Zu guter Letzt bietet Ihnen das Booklet auf Seite 127 *ff.* vier Legemuster mit Anleitung, die Sie je nach persönlichem Anliegen wählen können.

Anleitung zum (Un-)Glücklichsein

weniger ist mehr

Am Anfang, wenn man sich mit Tarot beschäftigt, droht die Gefahr, dem Bilderrausch zu erliegen. Man zieht eine Karte, versteht sie nicht sofort. Dann zieht man noch eine, um die erste besser zu verstehen, dann noch eine, die klarer ist und noch eine, die diese erklärt ... und so weiter. Man könnte auch gleich alle 78 Karten offen auf den Boden legen und würde vor lauter Bäumen den Wald nicht mehr sehen! Wenn Sie lediglich das Bilderbuch Tarot kennen lernen wollen, ist dies eine gute Methode. Wenn Sie aber an Ihren Themen arbeiten, verwirrt es nur. Lassen Sie sich Zeit und nehmen Sie mit jedem Bild einzeln Kontakt auf, treten Sie über die Bilder mit sich in einen Dialog. Weniger ist mehr!

Rider – Waite – Colman Smith

who is who

Arthur Edward Waite war ein Gelehrter des Okkultismus, der eingehende Forschungen betrieb und überzeugt war, dass der wahre Tarot reine Symbolik sei und eine Art Alphabet darstelle, welches eine unbegrenzte Reihe von Kombinationen ermögliche und durch und durch logisch sei. Er lebte von 1857 bis 1942 überwiegend in England. Er war Mitglied des Ordens der goldenen Morgenröte (Order of the Golden Dawn). Auf seine Initiative wurde das 78 Karten umfassende Deck, der heutige Klassiker unter den Tarotkarten, von Pamela Colman Smith, einer Amerikanerin, die in Jamaika aufwuchs und ebenfalls Mitglied des »Order of the Golden Dawn« war, bildlich umgesetzt. Das Original des Waite-Spiels wurde 1910 vom Verlag Rider & Co. in London herausgegeben.

Und Lilo Schwarz?

who is who

Die Luzernerin lebt an den Ufern des Vierwaldstättersees am Fuße des Pilatus in der Schweiz. Sie lässt sich von den Bildern der Natur berühren und forscht denen des Tarot seit mehr als 20 Jahren nach. Lilo Schwarz ist Diplompsychologin sowie Tarotexpertin und hat das Leben mit all seinen unterschiedlichen Menschen von Grund auf gern.

Ihr Buch »Im Dialog mit den Bildern des Tarot« (Urania, März 2005) ist ein Grundlagenwerk mit Poster, das alle Karten im Kreismodell erklärt. »Im bunten Spiegel des Kitty Kahane Tarot« (Urania, März 2006) ist ein Tarot-Set, zu dem Lilo Schwarz das Booklet geschrieben hat. Es macht Lust, die Weisheit des Tarot in den zeitgemäßen Bildern der Berliner Künstlerin Kitty Kahane neu zu entdecken.

www.liloschwarz-seminare.ch

Die 22 archetypischen Karten der Großen Arkana

(die großen Geheimnisse)

O
Der NARR

I
Der MAGIER

II
B
J
Die HOHEPRIESTERIN

III
Die HERRSCHERIN

IV
Der HERRSCHER

V
Der HIEROPHANT

VI
Die LIEBENDEN

VII
Der WAGEN

VIII
KRAFT

IX
Der EREMIT

X
RAD des SCHICKSALS

XI
GERECHTIGKEIT

XII
Der GEHÄNGTE

XIII
TOD

XIV
MÄSSIGKEIT

XV
Der TEUFEL

XVI
Der TURM

XVII
Der STERN

XVIII
Der MOND

XIX
Die SONNE

XX
GERICHT

XXI
Die WELT

0 – Der Narr

Ursprung

light

Die Welt gehört dir; aber wenn du sie besitzen willst,
verlierst du sie.

Es gibt keine Grenzen; überspringe sie!

Sei sorglos und bleib im Augenblick in der Leichtigkeit des Seins.
Dein Instinkt führt dich.

Vertrau auf das, was du nicht weißt, und mach den Schritt in die
unbekannte Welt, eben so wie es nur ein Narr kann.

kompakt

Wie die Null zeigt, kann der NARR gar nicht zugeordnet werden. Der NARR bewegt sich zwischen den Welten, ist überall und nirgends, unfassbar. Er kommt aus der Einheit des Universums, ist unbewusst, weder männlich noch weiblich geprägt.

Die Sonne ist weiß, genau wie das Unterkleid des Narren, der Hund und auch die Berge. Alles ist offen und unbeschrieben; noch nichts ist festgelegt. Das Sonnengewand und der goldgelbe Himmel versprechen kraftvolles Gelingen. Die Feder wiegt leicht als Kopfschmuck, sie tanzt mit dem Wind. Im Beutel ist alles Nötige verstaut.

Der Abgrund? – Stürzt er oder stürzt er nicht?

Der Hund verkörpert den Instinkt des Narren; dem wird er folgen und nicht einmal merken, dass sich vor ihm ein Abgrund aufgetan hat. Der schwarze Stab zeigt jedoch ein Ende dieses Stadiums der Sorglosigkeit an. Bald wird der Narr auf eigene Verantwortung für sicheren Tritt sorgen müssen.

Der Narrensprung verkörpert den notwendigen Zwischenschritt, um Neues zu wagen und anzupacken.

I – Der Magier

Macher

light

Beginne!

Hör auf deine Inspiration, setz all deine Kraft
und deine Werkzeuge ein und gib deinen Ideen Kraft.

Lass sie Wirklichkeit werden.

Du hast guten Grund, selbstbewusst zu sein, und du schaffst es.

Mach!

kompakt

Der MAGIER ist die Nummer eins, die Kraft des Anfangs und der Anfänge. Er gibt den Anstoß und führt diese Kraft dann ins Unendliche – das zeigt die Lemniskate, das Unendlichkeitszeichen, über seinem Kopf.

Er repräsentiert die männliche Energie des Durchdringens und gehört zum Sonnenprinzip der Klarheit und Kontrolle. Der MAGIER kennt die Werkzeuge, die auf seinem Tisch liegen. Es sind die vier Elemente, die er für seinen Lebensweg braucht: der Feuerstab, der Wasserkelch, das Luftschwert und die Erdmünze. Es ist die Aufgabe des Magiers, Ideen und Impulse von oben mit dem weißen Stab zu empfangen und angemessen auf den Boden der Wirklichkeit zu bringen, willentlich und aktiv, so wie es sein Finger zeigt.

Der Magier betreibt Magie – was nichts anderes heißt, als eine Aufgabe anzunehmen und sie mit Hilfe der vier Elemente in Wirklichkeit zu verwandeln.

Blumen umrahmen sein Tun mit Wachstum, rot und kraftvoll, weiß und neu. Rot und weiß sind auch seine Kleider. Die Schlange der Wandlung gürtet ihn, beißt sich selber in den Schwanz und schließt damit den Kreislauf.

II – Die Hohepriesterin

Intuition

light

WER bist du wirklich – von innen heraus?

Pass dich nicht nach außen an, sondern definier dich selbst über deine innere Stimme.

VERTRAU deiner Intuition.

In dir ruht die ganze Weisheit. Verbinde dich mit ihr und hör auf sie.

kompakt

Die HOHEPRIESTERIN repräsentiert das weibliche Prinzip auf Erden, getrennt vom Männlichen. Sie trägt die Nummer zwei und bringt damit Stabilität in die Welt. MAGIER und HOHEPRIESTERIN stehen nebeneinander als die Grundmuster der Geschlechter. Die Hohepriesterin ist unabhängig und definiert sich über sich selber.

Sie ist spirituell mit dem ganzen Universum verbunden. Sie scheint passiv in sich zu ruhen, ist aber gleichzeitig auf die Umwelt konzentriert. Das Ur-Wissen der jüdischen Thora und also auch des christlichen alten Testaments liegt in ihrem Schoß, ist über Generationen in ihr gespeichert.

Die HOHEPRIESTERIN verlässt sich auf ihre Intuition und lebt nach den Gezeiten des Meeres und des Mondes, der voll ist, abnimmt, leer wird und wieder zunimmt. Dieses zyklische Mondprinzip krönt ihr Haupt, die Mondsichel liegt ihr zu Füßen. In den weiblichen Granatäpfeln und den männlichen Palmen auf dem Vorhang im Hintergrund ist die Fruchtbarkeit präsent. Sie ist die Möglichkeit zwischen Schwarz und Weiß, zwischen Ja und Nein.

III – Die Herrscherin

Wachstum

light

Gib dir und deinem Wachsen Raum.

Gib allem Wachstum Raum. Lass Reife und Ernte zu.

Bring Lebendiges auf die Welt und lass es erblühen.

Sei dir selber die beste Mutter: im Wachsen, im Heranreifen und im Trost.

kompakt

Der HERRSCHERIN ist die Fruchtbarkeit, die ihr in Gestalt unzähliger Granatäpfel bildhaft auf den Leib geschrieben ist. Sie ist die Urmutter allen Seins und die Gebärerin. Sie verkörpert das Prinzip des Naturkreislaufs von Werden und Vergehen. Sie ist der Archetyp der Mutter und gibt sich symbolisch mit ihrem Körper hin, schenkt Raum, damit Leben wachsen kann.

Ihr Reich ist das Land der fünf Sinne, in dem das Bächlein klar sprudelt, der Wald für gute Luft sorgt, die Sonne scheint und das Korn hoch steht.

Die HERRSCHERIN schöpft aus dem Vollen und ist auf den mit Venuszeichen geschmückten Kissen weich gebettet. Ihre Krone trägt die zwölf Sternbilder des Zodiak, und um ihren Hals kreisen die sieben alten Planeten. Sie ist die Herrscherin des Universums und lässt mehr als nur alle Pflanzen wachsen. Sie gibt allem Raum, ohne Einschränkung.

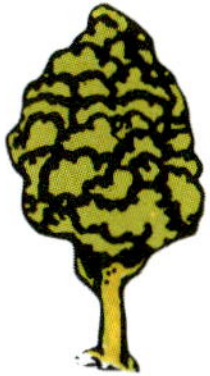

Die HERRSCHERIN ist nicht aktiv wie der Magier, auch nicht passiv wie die Hohepriesterin, sondern sie lebt Hingabe, dank der neues Leben entsteht. Nach dem Gegensatzpaar von Nummer eins und zwei zeigt sie als Nummer drei das Leben als immerwährenden Kreislauf.

IV – Der Herrscher

Verantwortung

light

Gib deinem Leben Struktur und Halt und festige es.

Sorge dafür, dass in deinem Bereich Sicherheit herrscht.

Schütz dich vor Gefühlsausbrüchen und übernimm mit der Macht auch die Verantwortung für dein Umfeld.

Sei väterlich zu dir und der Welt.

kompakt

Die Aufgabe des HERRSCHERS ist es, dem wilden Wachstumsraum Grenzen zu setzen und Sicherheit zu geben. Er ist der Urvater. Er setzt Strukturen, hütet die Gesetze der Gemeinschaft und übernimmt Verantwortung für sein Reich. Er bewahrt und verteidigt es, wenn nötig mit allen Mitteln. Seine Liebe gilt dem Leben innerhalb seiner Landesgren-

zen, und sein Handeln ist geprägt durch eine klare Linie bis hin zu eindeutiger Strenge.

Die beiden Attribute in seinen Händen zeugen davon: das Ankh oder Henkelkreuz symbolisiert die Sonne, welche die Erde befruchtet. Der Reichsapfel ist Symbol für das goldene Land. Der Herrscher trägt die Zahl Vier, die die Grenzen des Irdischen verkörpert.

Er kann es sich nicht leisten, verletzlich zu sein und schützt sich mit seiner Rüstung vor Angriffen. Seine Gefühle stellt er hinter seine Aufgabe und Rolle. Den Preis für die prestigeträchtige Macht zahlt er durch den Verlust der Freiheit, jederzeit zu tun, was ihm beliebt. Er muss die Widderkraft an seinem Thron gut zügeln. Wie jung oder alt er auch ist, immer trägt er den Bart der Reife.

V – Der Hierophant

Sinnfrage

light

Kennst du deinen momentanen Lebenssinn?
Was ist heute und im Leben überhaupt wertvoll für dich?
Erkenne es, lerne daraus und baue diese Gedanken, Träume und Werte in deinen Alltag ein.
Gib diesem grundlegenden Wissen eine äußere Form,
die dir und deinem Menschsein dient.
Gib deinem Leben Sinn.

kompakt

Der HIEROPHANT oder HOHEPRIESTER ist der oberste Würdenträger und Botschafter des Kulturerbes seines Volkes. Er ist als spirituelles Oberhaupt Papst, Dalai Lama,

Medizinmann und Schamane. Seine Aufgabe ist es, den Sinn des Lebens zu predigen, die Sinnfrage immer wieder neu zu stellen. Deshalb spricht er zu seiner Gemeinschaft. Drei Finger seiner rechten Hand sind geöffnet, zwei verdeckt. Mit dieser Geste unterstreicht er seine Verkündigung vom Offenbaren und vom Verborgenen im Leben.

Beidem lauschen seine Novizen und suchen den Schlüssel der Weisheit zu begreifen. Jeder Mensch ist gleichzeitig Schüler und Lehrer. Lehren ist nicht möglich ohne Lernen, und Lernen ist nicht möglich ohne Lehren. Die Botschaft des Hierophanten gilt, wie die Essenz aller Religionen, der Sinnfrage: Woher kommen wir, wozu sind wir hier auf Erden und wohin gehen wir nach unserem Tod?

Kreuze sind immer Symbol der Vereinigung der Gegensätze und damit von deren Aufhebung. Nur so ist Frieden möglich. Die Zahl Fünf ist die Erhöhung der irdischen Vier und macht sie zur Zahl des geistigen Prinzips; symbolisiert im Pentagramm.

VI – Die Liebenden

Herzentscheid

light

Hör auf die Stimme deines Herzens und lass sie allein entscheiden, auch wenn es unvernünftig scheint.

Nur so überschreitest du die Grenze des Gewohnten in ein neues wunderbares Land, das Land deines Herzens und deiner Gefühle.

Fass dir ein Herz!

kompakt

Das Herz fängt Feuer, verliebt sich, real oder symbolisch, und verlässt das vermeintliche Paradies. Durch die Schlange kommt die Sünde mit ihrem heilenden Gift auf die Welt. Dank ihr erlangt der Mensch Erkenntnis über den Umgang mit den Unterschieden.

Jetzt erst erwacht der Mensch zum Bewusstsein und beginnt seinen Weg auf Erden, noch nackt, also ohne Sicherheit und erprobte Identität. Das Herz entscheidet sich für das eigene Leben.

Die LIEBENDEN zeigen eine Beziehungsthematik an: Beziehung zu anderen Menschen, zum Leben und auch Beziehung zu sich selber. Der Mann auf dem Bild hat das Feuer, den Samen zur Zeugung; die Frau hat die Frucht, die Fruchtbarkeit. Der Berg trennt sie, macht sie zu zwei unterschiedlichen Menschen. Doch was trennt, verbindet auch. Und die Wolke kann sich zum Gewitter türmen oder leicht weiterziehen. Der Engel gibt den beiden Menschen Geleit und damit auch den Segen. Die Sonne scheint und wird es an den Tag bringen, was der richtige Weg ist.

Menschen sind Weggänger, keine Stubenhocker. Der Entwicklungsweg ruft mit kraftvoller Stimme.

VII – Der Wagen

Erfolg

light

Wichtig ist, dass du vorwärts gehst, dir ein Ziel setzt und die Zügel klar mit beiden Händen packst.

Unterscheide, was links und was rechts von dir liegt und wisse,
was auf dich zukommen kann, aber sei dir auch bewusst,
was du verlässt. So wird dein Unterwegssein eine Reise zum Erfolg.

kompakt

Der WAGEN fordert uns auf, allein und bewusst die Zügel zu fassen und unser Lebensgefährt kontinuierlich vorwärts zu führen auf dem Weg des Erfolgs. Der Wagenlenker blickt aufmerksam vorwärts in Fahrtrichtung. Mit Konzentration und Ausdauer leitet er seine beiden Sphinxen zum Ziel; Konzentration ersetzt ihm die realen Zügel.

Die alten Muster in Gestalt der Mauern und Türme liegen dicht hinter ihm, ziehen noch wie ein Sog zurück. Die beiden Zugtiere sind verschieden und brauchen unterschiedliche Führung. Wenn der Wagenlenker es versteht, die beiden Zügel so zu führen, wie es jedes seiner Zugtiere erfordert, wird er Herr über die Polaritäten und fährt seiner Karriere zielbewusst entgegen.

Die Wagenlenkerin (es sind immer auch Frauen gemeint!) ist also im Kräftefeld am Kreuzpunkt vorwärts/rückwärts und links/rechts angelangt, den es gut zu kontrollieren gilt und von wo aus der WAGEN in Bewegung gesetzt werden muss – vorwärts. Das rote Symbol der Vereinigung unter der geflügelten Sonne vorne am Wagen zeigt das noch ferne Ziel der Reise an, die Integration. Der Wagen bietet nur Platz für einen Menschen. Damit ist der alleinige Machtbereich angedeutet. Auch der Ruhm gebührt ihm allein. Das Ziel des Wagens ist Erfolg, und der Weg dorthin ist Disziplin. Er ist der Star seines Unternehmens.

VIII – Kraft

Integration

light

Du stärkst oder schwächst dich selber mit deinen eigenen
Auf- oder Abwertungen.

Gib auch deinen scheinbaren Schwächen eine Heimat,
denn erst sie machen dich zum ganzen Menschen,
der eben so ist, wie nur du bist.

Sei im Einklang mit all deinen Kräften und zeige dir gegenüber Wertschätzung.

kompakt

Das Kräfteverhältnis wird unlogisch, ist mit dem Verstand nicht mehr erklärbar. Sanftheit und Wildheit tanzen miteinander in einem labilen Gleichgewicht. Jederzeit kann sich diese vorübergehende Harmonie verändern. Die zwei Seelen in der Brust ler-

nen einander kennen. Die Gesetze der Kraft ändern sich. Hier beginnt eine neue Energie, die endlos weitergeht, wie die Lemniskate (Unendlichkeitszeichen) über dem Kopf der Frau anzeigt.

Das Prinzip der Gegengeschlechtlichkeit, das scheinbar ungleiche und labile Kräfteverhältnis zwischen den Gegensätzen, wird im Bild mit der Begegnung zwischen dem wilden Löwen und der zarten Frau ausgedrückt. Auf den ersten Blick ist es eine unwirkliche Begegnung der zwei Seelen in unserer Brust. C.G. Jung nennt sie Animus bzw. Anima und bezeichnet damit den männlichen Teil in der Frau bzw. den weiblichen Teil im Mann.

Nicht im Kampf zwischen den zwei Seelen in der Brust, zwischen den Geschlechtern, liegt Erfolg, sondern nur in der Hingabe und Annahme von beidem, in der Integration. Den inneren wilden Teil annehmen, damit er uns nicht auffrisst. Dem sanften Wesen eine Heimat geben, damit es sich nicht ins Versteck zurückzieht.

IX – Der Eremit

Identität

light

Geh deinen eigenen Weg und bleib dir treu.

Nur du erahnst, wohin dein Leitstern dich führt.

Folge ihm und lass dich nicht durch die äußere Welt ablenken.

kompakt

Erwachsen und gereift blickt der EREMIT nach innen und weiß, wer er ist. Er kennt seine Identität, sein ICH. Nur aus dieser inneren Mitte heraus kann er dem Leitstern seines Lebenswegs blindlings folgen. Der EREMIT wendet sich von der Gesellschaft ab und geht seinen Weg. Das heißt im Alltag nicht, dass er sich von allem trennen muss. Es heißt, dass nur er seinen Weg gehen kann, weil dieser persönliche Weg einzigartig ist und nicht mit anderen persönlichen Wegen verglichen werden kann.

Da wo er ist, ist niemand; das zeigt der weiße Schnee als Symbol für dieses zu betretende Neuland. Der EREMIT lässt sich durch nichts und niemanden stören. Dazu zieht er symbolisch die Kapuze über den Kopf, verkleinert damit die Breite seines Blickfeldes und verschließt die Ohren. Seine Weisheit ist in seinem Innern, und nur dort nimmt er den Leitstern wahr, den Wegweiser, dem er unbeirrt folgt. Sein goldener Lichtstab gibt ihm Halt. Er ist auf dem Weg zu sich selber und weiß in der Tiefe seiner Seele, seines Denkens, Fühlens und Handelns, welcher Absicht er folgen will.

Der EREMIT bedeutet nicht Einsamkeit, sondern Alleinsein: mit dem ALL EINS SEIN. Er bringt uns mit dem eigenen Lebenssinn und unserer spirituellen Verankerung in Kontakt.

X – Rad des Schicksals

Lebensrätsel

light

Du hast keine Kontrolle über das Leben und du kannst es auch nicht nach deinem Willen steuern.

Du kannst nichts erzwingen und nichts verhindern.

Die Welt hat heute etwas anderes mit dir vor.

Lass dich vom Leben überraschen.

kompakt

Das RAD dreht die menschliche Entwicklung weiter. Mit dem Rad nimmt uns das Leben die Zügel aus den Händen und übernimmt die Führung. Immer wenn der Mensch vor allem seine gewohnten Muster lebt und darin verhaftet bleibt, setzt das Schicksal neue Wegweiser auf seinem Weg.

Das RAD DES SCHICKSALS ist die Vorsehung, das, was das Leben mit uns vorhat, wozu es uns vorsieht. Die Sphinx ist die Hüterin unseres Lebensrätsels. Sie sitzt auf dem Rad; ihr und dem Schicksal kann niemand ausweichen, und wenn wir es versuchen, so ereilt es uns gerade deshalb. Die Sphinx trägt das Schwert der Entscheidung. Sie hat die Kontrolle über das Leben. Das Rad belebt, bereichert oder bedroht unser Leben mit Unerwartetem und Ungedachtem.

In den vier Ecken des Bildes sind die geflügelten symbolischen Verkörperungen der vier Elemente in Verbindung mit den vier Evangelisten: Der Feuer-Löwe steht für den Evangelisten Markus, der Erd-Stier für Lukas, der Luft-Engel für Matthäus und der zum Adler transformierte Wasser-Skorpion für Johannes. Die Schlange des heilenden Gifts und der kleine Dämon tragen das Schicksal mit. Im Rad selber stehen Zeichen und Symbole für die vier Elemente, die sich endlos drehen und in der Dynamik unendlich viel mehr sind als ihre Summe.

XI – Gerechtigkeit

Kopfentscheid

light

Nutze all deine Wahrnehmungsfenster, um dir und der Welt gerecht zu werden.

Wäge ab und entscheide dich und wisse, dass du bei jeder Entscheidung nur etwas gewinnen kannst, wenn du auch bereit bist, etwas zu verlieren. Übernimm die Verantwortung für alle Konsequenzen deines Tuns.

kompakt

Gerecht sein heißt, reif und erwachsen zu sein, also nicht einfach selbstgerecht durchs Leben zu gehen. Es heißt, Verantwortung zu übernehmen für alle Handlungen. Die GERECHTIGKEIT ist die Karte der bewussten Auseinandersetzung mit den Gesetzen

des Lebens. Mit Verstand trägt der Mensch die Eigenverantwortung für die Folgen seines Tuns. Der Mensch lebt in Resonanz mit der Umwelt.

Gerecht sein heißt, zugleich mir selber und der Umwelt gerecht zu werden. Nur so zeige ich, wer ich bin, lasse klare Orientierung zu und die Menschen wissen, woran sie mit mir sind.

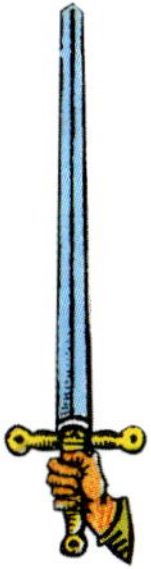

Das dritte Auge auf der Krone der Gerechtigkeit verweist auf eine alle Aspekte umfassende Wahrnehmung. Waage und Schwert zeigen, dass Abmessen und Durchschneiden, Abwägen und Entscheiden zusammengehören.

Bei jeder Entscheidung wird etwas gewonnen und etwas geht verloren. Es geht nicht in erster Linie darum, die absolut richtige Entscheidung zu treffen, sondern darum, ob wir die möglichen Konsequenzen der Entscheidung verantworten und tragen können. Ob die Entscheidung richtig war, zeigt sich immer erst im Nachhinein.

XII – Der Gehängte

Wandlung

light

Jede Krise dient einer Chance.

Wehre dich nicht länger dagegen, sondern ergib dich.

Erlös dich aus deiner Ungeduld.

Die Lösung ist reif und sie ist viel naheliegender, als du denkst.

kompakt

Der GEHÄNGTE oder der hängen gelassene Mensch zeigt eine Krise an. Aber nur dadurch wird sich etwas wandeln. Es ist unbequem, in dieser Art und Weise unfreiwillig zur Passivität gezwungen zu sein.

Der Gehängte ist kopfunter an ein von grünen Blättern bekränztes, von Wachstum reifes Balkenkreuz gebunden. Er hängt am Leben, am Lebendigsein, und doch

erscheint es ihm seiner Vorstellung nach momentan unerreichbar. Die Beine in der Form eines roten Kreuzes oder einer umgekehrten Vier verweisen auf Bodenständigkeit, sind jedoch weit davon entfernt, Schritte tun zu können. Die himmelblau bekleideten Arme können nicht nach den Sternen greifen; sie sind zur Untätigkeit verdammt. Kein Handeln ist mehr möglich. Der Schein der Sonne zeigt, wie nah die Erleuchtung liegt. Aber die Sonnenklarheit ist noch im Keller der menschlichen Erkenntnis.

Der Gehängte muss so lange hängen, bis sich die Einsicht in die Nutzlosigkeit seines Aufbäumens einstellt. Und dann kehrt sich etwas um. Erst jetzt ist der Mensch reif, die neue Sichtweise, die nur aus dieser Perspektive möglich ist, zu entdecken.

XIII – Tod

Endgültigkeit

light

Eine echte Veränderung ist wie ein Schnitt im Leben.
Es ist nachher nie mehr so wie vorher.
Was du auch immer verlierst, es ist ein Abschied,
der seine angemessene Verarbeitungs- oder Trauerzeit
benötigt, damit die Sonne am Horizont neu aufgehen kann.

kompakt

Der TOD steht mitten im Leben, unbarmherzig und erlösend zugleich. Er konfrontiert uns mit der Begrenzung, der Endlichkeit, und schreitet unausweichlich voran, hört kein Bitten. Der Tod hat keine Ohren und keine Augen, keine Nase und keinen Mund. Vor der Energie des Todes sind alle gleich; da gibt es keine Hierarchien mehr. Keine Krone,

kein Bischofsstab und kein Betteln bewahren die Menschen vor dem Sterben. Hier geht es um das Loslassen eines Stücks Ego, welches unserer Reife nicht mehr entspricht. Dieser Verlust ist spürbar und muss verschmerzt werden. Etwas geht verloren und muss betrauert oder verabschiedet werden. Wenn wir allzu stark am Alten festhalten, gibt es keine Neubelebung. Aufräumen und aufgeräumt sein ist das Ziel.

Beim Tod geht es nicht um Aufschiebbares, sondern immer um Endgültiges. Veränderung im Angesicht des Todes heißt: Es ist nachher nie mehr so wie es vorher war. Auch wenn man »nur« symbolisch das Leben verliert, verliert man ein Stück Identität. Doch dieser Verlust ist Voraussetzung für einen Neubeginn. Zuerst kommt das Ende, damit der Anfang folgen kann.

XIV – Mäßigkeit

Schutzengel

light

Jeden Tag musst du das Maß deiner körperlichen und
seelischen Gesundheit, deines allgemeinen Wohlbefindens
und deines Bezugs zur Welt, zu den Menschen
und zu dir selber neu mischen.
Tu es auch heute.

kompakt

Das richtige Maß kann nicht abgemessen werden; keine Waage ist auf dem Bild. Hier geht es um eine andere Genauigkeit: um die richtige Mischung. Aber auch wenn sie gefunden wurde, bleibt diese eigene Mischung nicht konstant, sondern muss in einem immerwährenden Prozess stets neu gemischt werden.

Mischen ist nicht Abwägen. Der Mischvorgang erfolgt intuitiv, in einer Art Verinnerlichung, bis das sichere Gefühl zeigt, dass es stimmt. Was heute richtig ist, ist morgen vielleicht falsch, und was für den einen Menschen gut ist, ist für den anderen nicht hilfreich.

Somit ist die Karte der MÄSSIGKEIT die ganzheitliche Gesundheitskarte und verbindet alle Aspekte des Wohlbefindens miteinander: den körperlichen, den seelischen, den geistigen und den spirituellen. Jeder Mensch hat ein eigenes Gefühl für sein Gesundsein, und dieses Gefühl lässt sich nicht über körperliche Defizite oder Einschränkungen definieren.

Eine spirituelle Kraft, auf dem Bild durch den Schutzengel dargestellt, begleitet den Menschen künftig auf seinem erdbraunen Weg zur SONNE. Sie ist das Ziel. In der Sonne versteckt sich eine Krone. Der Mensch, der diesen Weg der Mischung geht, ist auf dem Königsweg und wird mit Sonnenklarheit gekrönt.

XV – Der Teufel

Hüter der Tabus

light

Ist Abhängigkeit für dich bequem und scheust du die Anstrengung der Befreiung?

Heute wäre eine Gelegenheit, dich ein Stück selbst zu befreien und etwas, vielleicht etwas sehr Altes, zu erlösen.

Schau deinen Schattenseiten in die Augen und bring dein verstecktes Thema ans Licht.

kompakt

Die teuflische Energie würden wir am liebsten aus unserem Leben verbannen und doch gehört sie zur Ganzheit der Welt. Gefährlich wird diese Kraft erst, wenn wir das so genannte Böse abspalten. Der Reiz des Verbotenen schärft das Bewusstsein für das Erlaubte. Die Macht des dunklen Prinzips greift genauso nach uns Menschen, wie es

die Sehnsucht nach Reinheit tut. Der TEUFEL schleicht sich unmerklich im Dunkeln heran, verführt anfänglich noch ganz harmlos und lehrt den Menschen Anhänglichkeit, Abhängigkeit und Sucht. Erst wenn der Leidensdruck einsetzt, die Fesseln zu eng anliegen und drücken, erst wenn Reife die Reflexion des eigenen Handelns zulässt, kann uns unsere Abhängigkeit bewusst werden.

Die beiden Menschen auf dem Bild stehen noch ganz bequem in ihren Ketten, vom teuflischen Feuer entzündet und von der Weintraube berauscht. Der Teufel selber ist der Hüter ihrer menschlichen Tabus. Er ist der gefallene Engel im verlorenen Paradies und kennt die dunklen Seiten der Menschen am besten. Ihre verkauften Seelen hütet er, bis die Menschen reif sind, sie selber zu erlösen.

Der TEUFEL lehrt uns die Abhängigkeit und schärft unser Auge für die Freiheit ausgewogener Mitbestimmung.

XVI – Der Turm

Erschütterung

light

Es kracht im Gebälk.

Etwas fällt in sich zusammen, und das sieht auf den ersten Blick schrecklich aus, aber es wird dich aus deinem selbst gebauten Gefängnis befreien.

Nur wenn starre Glaubenssätze und Gedankengebilde zusammenstürzen, wirst du den Durchbruch in die unendliche Weite der schönen Welt wieder entdecken.

kompakt

Der TURM baut sich allmählich und unmerklich auf wie ein Gedankengebilde und beschert dem Menschen ein rabenschwarzes Chaos. Er nimmt dem Menschen die Sicht und trennt ihn von den universalen Gesetzen des Lebens. Eigene Meinungen,

Argumente und einschränkende Glaubenssätze türmen sich zu Gefängnismauern auf, wenn sie unreflektiert bleiben. Je rechthaberischer die eigene Ansicht vertreten wird, desto höher wachsen die Mauern, bis die Welt nicht mehr sichtbar ist und die Illusion entsteht, die eigene begrenzte Welt sei die wahre Welt, so wie es auch die Geschichte vom Turmbau zu Babel erzählt. Eine Tür, den Turm zu verlassen, gibt es nicht mehr; sie ist verbaut. Rettung bringt in dieser Situation nur noch die Sprengung des Turmes, die unerwartet passiert und als ein Blitz der Erkenntnis einschlägt. Das löst Angst aus – Angst, sich verändern zu müssen.

Im ersten Moment ist es eine Entmachtung, wie die weggeschleuderte Krone zeigt. Und auf den zweiten Blick begleiten schützende gelbe göttliche Funken den Fall der beiden Menschen. Die kleine Krone rechts bleibt sogar auf dem Kopf beim Fall in die Freiheit.

XVII – Der Stern

Jungbrunnen

light

Du fühlst dich kreativ, befreit und heute unter einem guten Stern.
Du freust dich in vollen Zügen am Leben.
Es ist heute wirklich Zeit, dich selbst einfach uneingeschränkt gern zu haben und im Sprudelbad des Lebens zu regenerieren.

kompakt

Nackt und glücklich spielt diese Sternenfrau (auch Männer sind mit dieser Karte gemeint!) mit den Wassern des Lebens. Sie hat die Liebe zu sich selber entdeckt und genießt das Eins-Sein mit sich, den Elementen und dem ganzen Kosmos. Sie fühlt sich frei und angenommen unter den Sternen des Himmels. Diese Erfahrung ist der Jungbrunnen ihrer Seele. Eine uralte Quelle entspringt der Natur und fließt endlos durch

sie hindurch, sprudelt aus dem einen Krug nährend auf die Erde und aus dem andern lustvoll plätschernd ins Wasser.

Der STERN ist ein Zustand zum Verweilen und Genießen. Die Gefühle fließen frei und brauchen nicht unter Kontrolle gehalten zu werden. Das Nackte braucht keinen Schutz. So wie es ist, ist es gut.

Der STERN zeigt sich von einer inspirierenden Kreativität, die schöpferisch ist und sich einfach daran freut, ohne Ziel, ohne Druck zu sein. Der Zaubervogel trällert dazu sein Lied vom Baum.

Der eine Fuß der Quellfrau steht auf dem Wasser; er muss nicht tief gründen, sondern darf sorglos den Kreisen der Wasseroberfläche nachspüren. Der andere Fuß reicht ins Erdreich und lässt die Quelle aus der Tiefe heraus sprudeln. Es ist eine Sternstunde, eine Zwischenstärkung auf dem Weg der Entwicklung.

XVIII – Der Mond

Sehnsucht

light

Es nützt nichts, wenn du Klarheit willst.

Das Unklare verbirgt noch etwas und leitet dich auf eine andere Fährte.

Vertrau deinem Innersten und geh den Weg der Sehnsucht und des Gefühls. Lass dich mit den Gezeiten treiben wie die Wellen des Meeres.

kompakt

Der MOND ist unfassbar. Er leuchtet nur in der Nacht, entzieht sich dem Tagesblick, wird schon im ersten Morgenlicht fahl. Die Dimensionen und Konturen verändern sich im Mondschein gegenüber der Klarheit des Tages. Die Kontrolle geht verloren. Eine Sehnsucht nach tiefer seelischer Erfüllung, aber auch Furchterregendes und

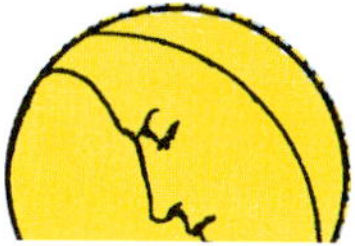

Orientierungslosigkeit gewinnen die Oberhand. Im Laufe der Mondzyklen nehmen diese Dimensionen zu, sind voll präsent und verschwinden allmählich wieder, bis nur noch dunkle Leere klafft. Nichts scheint logisch, und mit der Sentimentalität steigt Unerklärbares in Ahnungen, Träumen und Sehnsüchten auf. Kein Wissen und Planen ist mehr möglich, nur noch die Hingabe an den Moment in seiner Gefühlstiefe. Doch es gibt kein Verweilen.

Der Weg leuchtet gelb, fordert auf, ihn zu gehen und führt zur Sonne. Und der Weg wird immer wieder verloren, allzu vieles lenkt ab, verspricht Nahrung für die Sehnsüchte. Jetzt nur nicht zurückkrebsen, sondern entschlossen vorwärts, zwischen dem wilden Wolf und dem angepassten Hund hindurch. Das Herz heult mit. Im Mond spiegelt sich die SONNE, sie ruft die Nacht auf zu vergehen, um dem Tag wieder Platz zu machen. Die Traumreise ist vorbei.

XIX – Die Sonne

Klarheit

light

Heute ist Sonntag, dein Sonnentag.

Mach es wie die Kinder, sei ursprünglich und lebe den Tag
in Klarheit und Freude mit reinem Herzen.

Friede und Versöhnung feiern mit dir.

Die Sonne scheint für alle Menschen.

kompakt

Die SONNE bringt mit ihren Strahlen Klarheit und leuchtet den hintersten Winkel des Daseins aus. Ihre Aufgabe ist es, den Samen zum Leben zu erwecken, Wachstum zu fördern und die Schlafenden aus der Nacht in die Klarheit des Tages und damit auch in die Realität des Alltages zu führen.

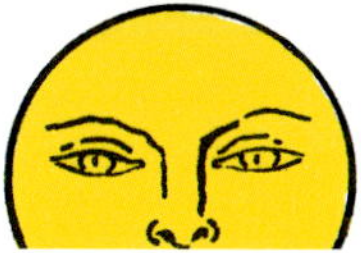

Im Licht der Sonne sehen wir, was die Nacht vor unseren Augen und vor unserer Wahrnehmung verborgen hat. Unser Bewusstsein ist zurückgekehrt. Nach der langen Nacht und der Suche nach unseren Geheimnissen im Dunkel des Unbewussten scheint nun die Sonne wieder und belohnt uns mit Wärme, Helligkeit und neuer Hoffnung; sie weckt Lebensfreude. Sie fordert aber auch, dass wir uns öffnen und die Geheimnisse aus den verborgenen Winkeln der Dunkelheit in die Klarheit des Alltagslebens einfügen.

Das Kind, ein kleiner NARR, sitzt mit offenen Armen auf dem weißen Pferd, dem Königsschimmel, und lebt uns die Leichtigkeit des Seins spielend vor. Hinter der grauen Mauer jedoch liegt seine Vergangenheit, die zuerst übersprungen, bewältigt werden musste, damit es zur Blumenpracht und kindlichen Freiheit zurückgelangen konnte.

XX – Gericht

Erneuerung

light

Hör auf den Ruf deiner Ahnungen und folge ihm hingebungsvoll.
Nur so kannst du beleben, was schon lange in dir schlummert
und wach werden will.
Du hörst diesen Ruf nicht zum ersten Mal.
Wie laut muss er schallen, bis du ihm folgst?

kompakt

Das Bild des Gerichts erinnert uns mit den hingebungsvollen Gesten der Menschen an das Urvertrauen, aus dem alles Leben aufsteigt und auf das sich alles Sehnen richtet. Der Name GERICHT löst Assoziationen mit dem jüngsten Gericht aus. Das Bild jedoch hat keine strafende Botschaft. Es meint Gerichtet-Sein im Sinne eines Ausrichtens hin

zur Schöpfung, zum Universum, zum großen Ganzen.

Die Menschen steigen furchtlos aus ihren schwarzen Kisten heraus und orientieren sich am Schutzengel, der sie mit seiner goldenen Trompete ruft. Der Schall berührt ihre Herzen, und sie fassen Mut, den Deckel ihres Sargs zu heben. Sie strecken ihre Hände dem Universum entgegen. Die irdische Lebenskraft selber ruft mit dem lebendig-roten Kreuz auf dem weißen Banner, dem noch unbeschriebenen weißen Blatt.

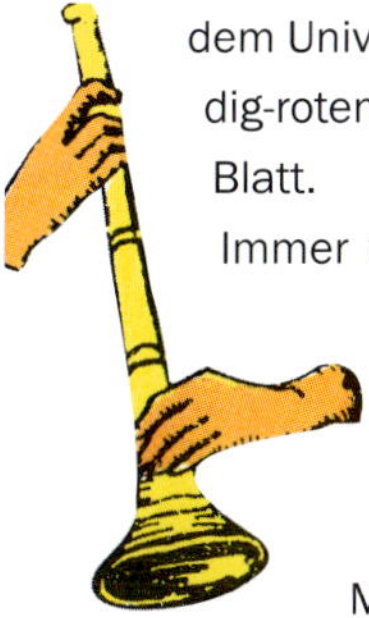

Immer wieder gilt es, Brachliegendes zum Leben zu erwecken. Wie beim Auferstehungsmythos geht es nicht um etwas Totes, welches lebendig wird, sondern um etwas, das noch nicht lebt. Wie in jedem Samen alle Informationen der künftigen Pflanze gespeichert sind, so schlummern bereits bei unserer Geburt alle Eigenschaften und Möglichkeiten in uns.

XXI – Die Welt

Ganzheit

light

Deine selbst erschaffene Welt gibt dir den angemessenen Freiraum für deinen Lebenstanz. Deine Welt ist in Ordnung. Verändere dann etwas, wenn dich der Rahmen einengt oder wenn du das Gefühl hast, haltlos zu sein und aus dem Rahmen zu fallen.

Freu dich an deiner blühenden Welt und freu dich an den blühenden Welten der anderen Menschen.

kompakt

Die WELT zeigt uns ein dynamisches Bild, welches nicht starr, sondern in ständiger Bewegung ist. Mit dem Blätterrahmen gibt es uns Halt und mit der Weite der blauen Luft Freiheit, nicht entweder-oder, sondern beides zugleich. Jetzt ist die Welt in

Ordnung. Sie schenkt Zugehörigkeit sowie Sicherheit und ermöglicht gleichzeitig, den Freiraum zu nutzen.

Die Welttänzerin spielt mit den beiden weißen Stäben in ihren Händen wie mit den zwei Achsen des Kreuzes. Sie schenkt beiden Gegensätzen ihre Aufmerksamkeit und tanzt zwischen dem rechten und dem linken Pol in der verbindenden Mitte. Die Welt ist im Fließen und gleichzeitig im Gleichgewicht, so wie es das um den Körper flatternde violette Tuch zeigt.

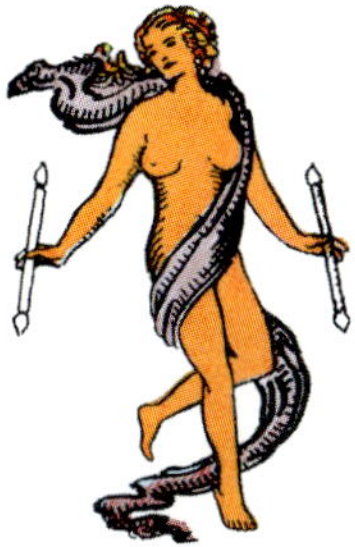

Die WELT berührt alle vier Ecken, alle vier Elemente, alle Botschaften der vier Evangelisten gleichermaßen und hat es geschafft, das scheinbar Unvereinbare in Harmonie zu verbinden. Der Rahmen lebt und atmet. Jeder Mensch ist mit seinem Weltbild ins Universum eingebunden und dazu aufgefordert, seinen eigenen Rahmen fest oder durchlässig zu halten.

Die Lehre der vier Elemente in den 56 Karten der Kleinen Arkana

(die alltäglichen Geheimnisse)

AS der STÄBE
II
III
IV
V
VI
VII
VIII
IX
X

Die Kartenreihe des **Feuers**

Ass der Stäbe

Zeugung

light

Nutze deine Gaben der Inspiration und mach etwas aus der Flamme deiner ungebremsten Lebensenergie.

Nimm deine Schöpfungskraft und handle in Freude und Lust. Jetzt!

kompakt

Das ASS DER STÄBE ist geballte Kraft, birgt großes Aktionspotenzial. Ohne sichtbare Verwurzelung zündet hier eine Kraft und treibt aus sich selber heraus, sobald die Hand den Stab ergreift. Diese große Kraft der Inspiration ist eine Gabe des Himmels, des Universums vielleicht. Es ist wichtig, sie anzunehmen – dankbar, aber bestimmt.

Die Feuerkraft wird symbolisch in Form von Holz dargestellt. Feuer brennt nicht aus sich selbst heraus; es braucht Nahrung. Das Stab-Ass ist Frühlingsholz mit neuen Trieben und ersten kleinen Blättchen.

Zwei der Stäbe

Planung

light

Plane deine Unternehmungen sorgfältig und setze sie dann kraftvoll in die Tat um. Orientiere dich dabei an der Wirklichkeit selber.

kompakt

Ein Mensch steht im Schutz der Zinnen und betrachtet sowohl die Wirklichkeit der Landschaft als auch das Modell der Wirklichkeit, den Globus der Erde. Zwei Stäbe rahmen die Figur auf dem Bild ein. Am linken Stab hält sie sich fest. Der rechte Stab ist an der Brüstung der offenen Terrasse befestigt. Sein Tatendrang ist noch zurückgebunden. Die niedrige Mauer lässt Weitblick zu, so dass die Realität und ihr Modell (Wirklichkeit und Vorstellung/Ausführung und Entwurf) immer wieder miteinander verglichen werden können. Kleid und Umhang sind in Erdfarben gehalten und stehen für organisches Vorgehen; der Globus in der rechten Hand symbolisiert methodisches Vorgehen.

Drei der Stäbe

Goldener Fluss

light

Du bist unterwegs. Eile nicht suchend in der Welt umher und nimm das Erstbeste, sondern steh still und lass das Leben an dir vorbeiziehen. Vertrau dir und du wirst zum richtigen Zeitpunkt das Richtige erkennen.

kompakt

Ein Wanderer steht auf einem Hügel, den Rücken seiner Vergangenheit zugewandt, und blickt in die Ferne. Der Boden ist fruchtbar, alle drei Stäbe sind bereits zu kleinen Bäumen herangewachsen und strotzen vor Vitalität. Der Wanderer ist in ein buntes lebensfreudiges Gewand gekleidet. Die gelbe Fläche wirkt auf den ersten Blick wie ein reifes Kornfeld, entpuppt sich bei näherem Hinsehen aber als sonnengoldener Fluss. Welches Boot soll der Reisende nehmen? Die tiefe Ruhe, die von ihm ausgeht, gibt keinen Anlass zur Hektik. Im richtigen Moment steigt er in das richtige Boot und findet seine Bestimmung.

Vier der Stäbe

Festlicher Aufbruch

light

Im Wissen darum, welche alten Lebensinhalte du hinter dir zurücklässt, kannst du versöhnt und klar deinen Weg gehen und das Tor des Lebens neu durchschreiten, eine Brücke zu neuen Ufern schlagen.

kompakt

Durch dieses von Blumen geschmückte Tor führt der Weg zur Stadt hinaus. Es ist ein feierlicher Abschied. Der Weg zu etwas Neuem kann beschritten werden. Die alten Gemäuer mit ihren roten Türmen können die Aufbrechenden gut hinter sich lassen. Mit der Zeit werden daraus schöne Erinnerungen. Dieser Aufbruch ist lustvoll, freudig und steht unter einer guten Sonne. Die an den Maibaum erinnernde Symbolik macht dieses Bild zur hoffnungsvollen Frühlingskarte. Die vier bekränzten Stäbe bilden eine klare Struktur und geben der wachsenden Energie des Aufbruches einen Rahmen.

Fünf der Stäbe

Teamwork

light

Jedes lustvolle Spiel und jede wichtige Auseinandersetzung brauchen gemeinsame Regeln, damit die Kräfte nicht destruktiv, sondern vereint nützlich werden. Gemeinsam erreichen alle mehr.

Handle in diesem Sinne.

kompakt

Fünf Menschen setzen sich im Kräftespiel mit ihrem inneren Feuer auseinander. Im Spiel liegt Ernst, und im Ernst liegt Spiel. Alle fünf stehen auf gleicher Ebene, haben die gleichen Voraussetzungen. Niemand ist im Vor-, niemand im Nachteil, und doch sind es fünf Individuen mit unterschiedlicher Kleidung. Alle sind gleich und anders. Es ist eine Gruppe, ein Team, das sich zusammenrauft. Sie suchen Spielregeln und gemeinsame Rahmenbedingungen, in denen sie motiviert handeln und ihr Feuer umsetzen können.

Sechs der Stäbe

Lorbeeren

light

Freu dich an deinem Erfolg, an deinem Gewinn, der keine Verlierenden zurücklässt.

Du bist getragen von deiner Umwelt.

kompakt

Stolz sitzt ein Reiter, den Kopf mit einem Lorbeerkranz geschmückt, auf seinem weißen Pferd. Es ist offensichtlich ein festlicher Anlass unter strahlend blauem Himmel. Die Menschen, die zu Fuß neben dem Schimmel gehen, tragen ihre blühenden Stäbe aufrecht, zeigen ihre Kraft und Lebensfreude. Kleider und Kopfbedeckungen aller Menschen, sogar des Pferdes, leuchten in den Farben des Lebens. Alle gehören zusammen, haben vielleicht ein Turnier abgehalten und feiern jetzt den Sieger und den gemeinsamen Sieg.

Sieben der Stäbe

Abwehr

light

Kämpf nicht länger gegen deine eigenen Impulse, die in deinem Innern oder im Äußeren hochkommen. Nutze deine Kraft, um sie zu erkennen, zu erneuern und sie in klare Grenzen zu verweisen.

kompakt

Überrascht, aber kraftvoll steht diese Person mit beiden Füßen auf dem Boden und wehrt sechs heraufdrängende Stäbe ab. Das Gesicht zeigt Anstrengung und Entschlossenheit. Der Himmel ist blau, keine Wolke bedeckt ihn. Vorne klafft ein Abgrund im grauen Fels. Feuerstäbe, getrieben von einer Gegenkraft, streben nach oben. Der Mensch grenzt sich vehement ab, schützt sich mit seinem eigenen Stab. Angeordnet wie ein Zaun, ziehen auch die sechs Stäbe eine Grenze, schützen vielleicht vor dem Fall in ein Loch. Es sind Kräfte, mit denen sich die Person auf dem Bild auseinandersetzen muss.

Acht der Stäbe

Landung

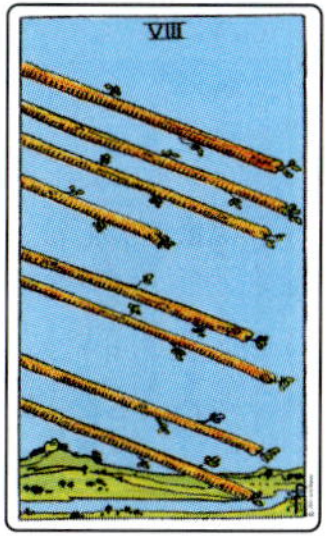

light

Etwas Feuriges will bei dir landen. Vielleicht ist es die Liebe. Auch wenn du noch nicht genau weißt, was es sein wird: bereite den nötigen Raum vor, damit diese Energie auch wirklich bei dir landen und vielleicht sogar Wurzeln schlagen kann.

kompakt

Eine grüne Landschaft gedeiht unter blauem Himmel und ein kleiner Fluss schlängelt sich durch Wiesen. Bäume säumen beide Flussufer. Auf einem sanft ansteigenden Hügel im Hintergrund steht als einziges Zeichen für menschliche Präsenz ein Gebäude. Im Vordergrund fliegen acht Stäbe wie Speere zum Boden. Getrieben von Feuer, suchen sie sich einen Landeplatz, wo sie Wurzeln schlagen, gedeihen und wachsen können. Alles ist noch in der Luft, aber dennoch ist klar, dass die Landung unmittelbar bevorsteht.

Neun der Stäbe

Alte Verletzung

light

Lass dein Misstrauen endlich los und reiß nicht wieder alte Wunden auf. Die Zeit hat dich geheilt. Es ist niemand mehr da, der dich verletzt.

Glaub es endlich!

kompakt

Dieser Mensch verwendet seine ganze Aufmerksamkeit darauf, dass jemand ihn angreifen könnte. Krampfhaft umklammert er einen Stab mit beiden Händen und sucht Halt. Hinter ihm ist grüne Natur. Aber er hat einen Zaun aus acht Stäben gezogen und schließt sich damit selber von diesem organischen Wachstum aus. Sein Kopf zeigt einen Verband, der auf eine alte Verletzung hindeutet. Sie ist der Grund für sein Misstrauen. Es ist niemand auf dem Bild; keine Bedrohung ist sichtbar. Er bewacht sein Leben, seinen Garten – und genau damit verhindert er, dass er den Garten selber nutzen kann.

Zehn der Stäbe

Konzentration der Kräfte

light

Bündle deine Kräfte und verschleudere sie nicht in alle Himmelsrichtungen. Es würde dich überfordern. Obwohl du sofort handeln möchtest und bereit zu sein scheinst, warte auf den richtigen Moment und bereite dich konzentriert auf den großen Wurf vor.

kompakt

Eine Person umfasst ein Bündel von zehn austreibenden Stäben. Dennoch verharrt er in einer gebeugten Haltung. In seiner Blickrichtung liegen ein Gebäude, Ackerland, Bäume und Wiesen. Zwischen dem Menschen und der Natur verläuft eine Grenzlinie, die er überschreiten möchte. Klammert er sich an die Stäbe oder führt er ihre geballte Kraft in einem Zentrum zusammen? Die Fülle der Stäbe verstellt ihm den Blick. Bereitet er sich auf den großen Wurf vor, oder ist er mit dieser Last momentan einfach überfordert?

Bube der Stäbe

Abenteuerlust

light

Du bist bereits unterwegs, hast die nötige Kraft, den inneren Antrieb und Lust auf deine Reise mit noch unbekanntem Ziel.

Sei sorglos und wandere weiter.

kompakt

Neugierig und mit leichtem Herzen zeigt der Jüngling im Feuerkleid Interesse für die Triebe an seinem Stab. Wo treiben sie ihn wohl hin? Er ist unterwegs durch die Wüste, durch Land, wo (noch) nichts wächst. Die Feder auf seinem Hut gibt ihm genug Narrenfreiheit, einfach drauflos zu marschieren. So kraftvoll und frei von Leistungsdruck unterwegs zu sein macht Spaß. Sein inneres Feuer brennt, treibt ihn weiter, seiner noch wenig bewussten Bestimmung entgegen. Er will die Welt entdecken, sie kennen lernen und, von ihr bereichert, inspiriert werden für seine Ankunft in der Welt der Zivilisation.

Ritter der Stäbe

Übermut

light

Dein Temperament will fliegen. Gönn dir den Schwung und die Lust am Leben und lande nach dem Sprung wieder auf sicherem Boden.

kompakt

Lustvoll und tatendurstig ist dieser RITTER unterwegs. Feuer scheint dem wilden Pferd unter den Hufen zu brennen und Flammen schlagen aus dem Helm des Reiters und aus seinem Rücken. Diese Flammen treiben den Ritter zu feurigen Gedanken an und geben ihm Schubkraft. Die Feuersalamander auf seinem Kleid scheinen gar zu tanzen. Der Ritter hält den Stab fest in der Hand, als ob er ihn zurückhalten müsste vor noch wilderem Galopp. Alles ist in Bewegung, alles drängt vorwärts. Einzig die karge Wüstenlandschaft liegt ruhig und einsam im gleißenden Licht. Ist sie Durchgangsstation oder vorläufiges Ziel der Reise?

Königin der Stäbe

Selbstbewusstsein

light

Dank deiner großen inneren Freiheit schaust du der Welt offen, stolz und bewusst ins Angesicht. Du bestimmst und tust, was dir gefällt.

Gib der Umwelt den gleichen Freiraum, den du dir nimmst.

kompakt

Die KÖNIGIN DER STÄBE strahlt Gelassenheit und Ruhe aus. Sie fühlt sich sicher und kennt ihre Macht und deren Wirkung. Rechts packt sie mutig den Stab des Feuers, um selber zu bestimmen. Die Sonnenblume in ihrer linken Hand schafft die Verbindung vom weiblichen Erdelement zum männlichen Feuerstab. Feuer und Erde verbinden sich. Sie bewegt sich als Frau in einer männlich dominierten Welt. Der Stab ist das Symbol der Zeugung. Sie nimmt ihn selber in die Hand. Sie ist eine Führungsfrau. Eine schwarze Katze sitzt zu ihren Füßen als Zeichen ihrer weiblichen Magie.

König der Stäbe

Macht

light

Bändige deine feurige Ungeduld. Paare sie mit der Verantwortung, die du für wichtige Unternehmungen aufbringen sollst.

So gelingen deine Vorhaben kraftvoll.

kompakt

Mit viel Sonnenkraft sitzt dieser KÖNIG auf seinem Thron, der verziert ist mit machtvollen Löwen und Salamandern. Sein Umhang ist bevölkert von sich ringelnden Feuersalamandern. Einer steht am Boden zu Füßen des Königs und blickt in dieselbe Richtung wie er; es ist sein Schutztier. Schuhe und Schultertuch im selben Grün wie die Triebe am Stab versprechen Wachstum. Dafür trägt der König Verantwortung. Das innere Feuer treibt ihn an, und doch muss er auf seinem Thron sitzen bleiben, um seiner Aufgabe als Herrscher gerecht zu werden.

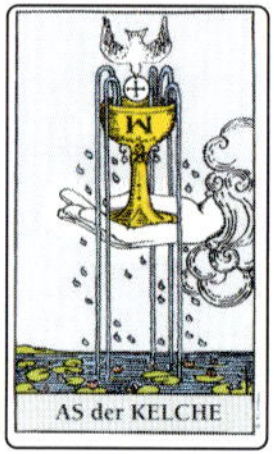
AS der KELCHE

II

III

IV

V

VI

VII

VIII

IX

X

Die Kartenreihe des **Wassers**

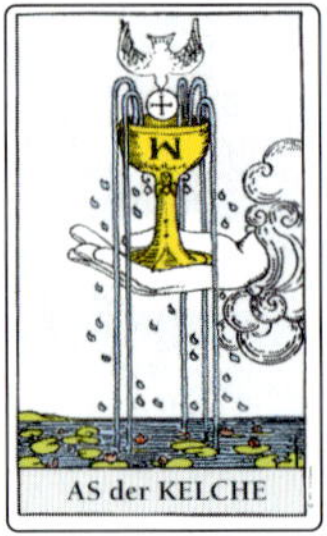

Ass der Kelche

Quelle

light

Schätze und nutze die Gabe, alle deine Gefühle wahrzunehmen und sie fließen zu lassen. Diese Verinnerlichung bringt dir Frieden.

Ström mit dem Lebensfluss.

kompakt

Das ASS DER KELCHE geht in seiner Bedeutung viel weiter, als es Wasser allein könnte. Es ist der Urquell des Fließens; es ist Spiritualität als ewiger Fluss, es ist überströmende Fülle. Es verbindet oben mit unten, es verbindet alles. Es verbindet die Gefühle mit dem Sein. Wasser geht den Weg des geringsten Widerstandes, es kämpft nicht, es fließt. Wasser ist fassungslos und unkontrollierbar. Im Bild sprudelt das Wasser aus einem goldenen Kelch, es wird gefasst im Kelch der Wahrheit. Diese Quelle sollen wir als Geschenk annehmen und ihre Heilwirkung zulassen.

Zwei der Kelche

Erotik

light

In wen oder was bist du verliebt?

Spür die Glut des Feuers, sei mit ihm im Fluss und genieß die emotionale Begegnung ohne Einschränkungen.

kompakt

Zwei Menschen stehen sich als Partnerin und Partner gegenüber. Sie sind sich emotional zugewandt und stehen auf festem Boden. Zwischen ihnen herrscht Einverständnis und darauf stoßen sie mit ihren beiden Kelchen an. Das Feuer des geflügelten Löwen schwebt über dem Paar und schenkt ihnen eine erotische Anziehung. Es zündet, und Lebenslust beflügelt diese Beziehung. Es kann eine Form von Liebe auf den ersten Blick sein. Das Symbol der beiden Schlangen zeigt die Liebe als heilendes, verbindendes Element.

Drei der Kelche

Erntedankfest

light

Es ist Erntedankfest. Bist du dir bewusst, was du alles erreicht hast, welch reiche Ernte sich in deiner Scheune als Schatz deiner Erfahrungen befindet? Sammle die Früchte deiner Arbeit, deine Erfolge, ein und feiere sie gebührend.

kompakt

Leichtfüßig wie die drei Grazien tanzen drei Frauen mit ihren drei Kelchen einen Reigen. Der Kreislauf der Natur hat sich zur Ernte geschlossen. Reifes Obst und Gemüse liegen auf der Erde, bereit, die Scheunen für die Brachzeit zu füllen. Aber zuerst wird gefeiert. Das Erntedankfest ist eine Ehrung an Mutter Natur und all die Erdgöttinnen auf der Welt, welche die Menschen reich mit Nahrung beschenken. Ein Wachstumszyklus ist abgeschlossen. Nach einer Ruhezeit ist die Erde bereit, die neuen Samen aufzunehmen.

Vier der Kelche

Introvertiert

light

Nichts, was du schon hast, und auch nichts, was aus heiterem Himmel kommt, kann dich wecken und deinen Blick für die Welt öffnen.

Lange wirst du allerdings die Augen vor dem, was kommt, nicht mehr verschließen können.

kompakt

Ein Baum stützt den Rücken eines Menschen, der in sich versunken auf der Erde sitzt. Seine Hände und Beine sind verschränkt, doppelt gekreuzt. Weder Handeln noch Schritte sind so möglich. Verharren, Abwarten, Zurücklehnen, Abwenden. Der Blick ist ins Leere gerichtet. Der Kelch, der dem Menschen aus dem luftigen, heiteren Himmel angeboten wird, bleibt unbeachtet. Auch die drei Kelche auf dem Boden sind wohl ganz in Vergessenheit geraten. Dieser Mensch scheint sein Schicksal noch nicht annehmen zu können.

Fünf der Kelche

Trauer

light

Betrachte deine Trauer, gib ihr Zeit und nimm den Verlust wahr.
Danach kannst du dich umdrehen und erkennen,
was du noch alles auf deinem Weg neu findest.

kompakt

Ein Mensch, ganz in Schwarz gekleidet, steht am Fluss des Lebens und blickt auf drei umgeworfene Kelche, auf die Leere. Er benötigt Zeit, um zu verstehen, was er verloren hat, um es zu verkraften und um seinen Gefühlen den Raum zu geben, den sie brauchen. Die Trauer nimmt ihn ganz in Beschlag und lässt ihn noch nicht erkennen, dass das Wasser weiter fließt, dass es ein anderes Ufer gibt, sogar eine Brücke, die darüber führt und dass er sich nur umzudrehen braucht, um zu erkennen, dass noch zwei gefüllte Kelche hinter ihm stehen. Nicht alles ist verloren.

Sechs der Kelche

Märchen

light

Erkenne das Geschenk deiner Ahnungen und nimm es an,
auch wenn es aus einer anderen Welt zu kommen scheint,
die auf den ersten Blick nichts mit unserer Realität zu tun hat.

kompakt

Ein kleines Mädchen blickt zu einer zwergähnlichen Gestalt empor und empfängt einen mit Blumen gefüllten Kelch. Alle Kelche sind mit weißen Sternenblumen bepflanzt. Die Begegnung findet im Schutz der Stadtmauer statt. Ein Wächter in Grau geht zum Turm, lässt die beiden in ihrer Begegnung ungestört. Unwirklich erscheint diese Szene, wie aus einer anderen Welt, einer anderen Wirklichkeit, aus der das Geschenk kommt. Es entstammt einer alten Wurzel, kommt von den Ahninnen oder Ahnen hinter der Grenze des Bewusstseins.

Sieben der Kelche

Illusionen

light

Fantasien, Illusionen und Luftschlösser können dir das eingeschränkte Blickfeld öffnen. Aber denke daran:

Sie sind nicht mit deinem realen Alltag gleichzusetzen.

kompakt

Eine schemenhafte Gestalt, ein Schatten eher, scheint zu zaubern. Oder dirigiert sie ein Orchester launischer Klänge aus anderen Sphären? Die Gestalt gibt sich nicht zu erkennen und zieht trotzdem Aufmerksamkeit auf sich. Die farbigen und reich gefüllten Kelche schweben in den Wolken, wohl für das Auge sichtbar, aber für die Hände unerreichbar. Lockendes und Schreckendes, Geheimnisvolles und Erkennbares entspringt den Kelchen. Alles scheint möglich, aber nichts ist wirklich – eine Welt der Fantasien, der Illusionen, der Luftschlösser, der Träume und Hirngespinste.

Acht der Kelche

Im Schatten

light

Schreite kraftvoll voran. Du hinterlässt eine Lücke, und das Licht der Klarheit ist vorübergehend verdunkelt.

Geh trotz Verunsicherung weiter; du wirst den Berg erklimmen.

kompakt

Seltsames zeigt sich am Himmel, eine unübliche Konstellation, die den Wanderer begleitet. Der Mond schiebt sich vor die Sonne und verdeckt mit seinem schattigen Nachtwesen ihr klares Tageslicht. Die Unklarheit verdeckt die Klarheit. Dieser Zustand kann nicht andauern; es ist eine vorübergehende Trübung der Klarsicht. Den Menschen, der in seinen roten Stiefeln und dem roten Mantel kräftig auf seinem Weg bergwärts schreitet, bremst es nicht. Mutig und unterstützt vom gelben Wanderstab hinterlässt er eine Lücke zwischen den ACHT KELCHEN. Sein Ziel liegt im Dunkeln, hinter dem Berg vielleicht.

Neun der Kelche

Abgrenzung

light

Deine Gefühlsvielfalt und dein Gefühlsreichtum sind für alle wahrnehmbar und sichtbar, aber nicht berührbar. Schauen ja – anfassen nein!

kompakt

Zufrieden sitzt dieser Mensch auf einer Holzbank. Er fühlt sich wohl. Seine Kelchsammlung steht im Hintergrund und zeigt emotionalen Reichtum. Die Figur zeigt sich in ihrem weißen Kleid den Betrachtenden gegenüber offen. Ihre rote Mütze und die wachen Augen lassen auf Lebendigkeit schließen. Doch die Arme sind verschränkt; der Mensch hält sich zurück und grenzt sich ab, ohne abweisend zu sein. Seine Abgrenzung verweist auch die Betrachtenden in ihre Schranken. Die Kelche stehen in Distanz zu ihm auf Kopfhöhe, auf der Höhe des Bewusstseins. Er weiß, dass er viel Gefühl hat, muss es aber nicht jederzeit leben.

Zehn der Kelche

Heile Welt

light

Nach einem reinigenden Gewitter ist deine Welt wieder in Ordnung. Eine heile Welt ist auch eine heilende Welt, in der im Moment alles stimmt und zu der du gehörst. Freu dich daran!

kompakt

Unter einem Regenbogen aus ZEHN KELCHEN umarmt sich ein Paar, zwei Kinder tanzen freudig umher. Der gemeinsame Erdboden trägt; eine reiche Vegetation lässt Nahrung und das Wohnhaus Behaglichkeit erahnen. Ein freundlicher kleiner Fluss rundet das Ganze ab. Diese Glückseligkeit ist kein Dauerzustand; sie tritt nach einer Turbulenz, einem Gewitter, einem reinigenden Regenschauer ein. Der Regenbogen zeigt, dass die Unruhe vorbei ist, dass sich die Stimmung geklärt hat und die Welt wieder heil, heilend und gesund ist.

Bube der Kelche

Glaube

light

Du kannst gar nicht richtig glauben, dass die Gefühlswelt so schön sein kann. Gib dich hin und erfahre es in gesunder Neugier.

Tauch ein in deinen Seelenfluss.

kompakt

Sich wohl fühlen wie ein Fisch im Wasser! Der BUBE glaubt es nicht. Er will es begreifen, will den Fisch fassen, will wissen, ob wirklich Fische im Wasser schwimmen. Er wagt den Versuch, Gefühle zu erfassen, bis er sie später im großen Wasser frei schwimmen lassen kann. Unbeschwert kokettiert er mit dem Fisch. Und der scheint sogar darauf einzugehen.

Diese Karte zeigt uns die Auseinandersetzung zwischen Wissen und Glauben im Gefühlsbereich. Wissen wir, dass uns jemand liebt oder glauben wir es? Der Bube nimmt den Kelch mit dem Fisch in die Hand und geht den Weg vom Sehen zum Glauben.

Ritter der Kelche

Wahrheitssuche

light

Du bist auf dem Weg der seelischen Wahrheit, auch wenn sie fast nur tropfenweise zu fließen scheint.

Geh weiter. Im Weg liegt das Ziel.

kompakt

Aufrecht sitzt dieser RITTER auf seinem Pferd, das majestätisch vorwärts schreitet. Seine blaue Rüstung wirkt wie fließendes Wasser, und die quicklebendigen roten Fische darauf scheinen ihn zu begleiten. Helm und Fußbekleidung beflügeln ihn und seine Gedanken auf dem Weg. Fließen und Fliegen, die Verbindung von Wasser und Luft. Der Kelch liegt leicht in seiner Hand und weist den Weg nach vorn, langsam und stetig der Wahrheit entgegen, der spirituellen Wahrheit oder der Wahrheit der Seele, die immer wieder neu gesucht und gefunden werden muss.

Königin der Kelche

Fließen

light

Du bist einfallsreich, im Fluss deiner Gefühle und äußerst kreativ.
Gib dich den Wellen der Emotionen und dem Träumen hin.
Genieß es – du brauchst momentan nichts umzusetzen.

kompakt

Diese KÖNIGIN scheint von ihrem Kelch so fasziniert zu sein, dass sie fast mit ihm verschmilzt. Sie sitzt weich auf ihrem Muschelthron und fließt mit ihrem Wasserkleid förmlich ins Meer hinein. Ihre Welt ist die Welt des Wassers, der Gefühle, des Unmittelbaren. Wellen umspielen ihr Kleid und Wellen zieren ihren Mantel. Ganz wenig Rot zeigt an, dass sie lebendig ist und nicht ein Traum. Sie ist Hüterin über das Wasserreich und selber Wasser. Sie gibt sich ganz ihrer Kreativität, ihren Emotionen hin und lebt im Moment. Die Gezeiten des Meeres gehören zu ihrem Alltag.

König der Kelche

Herr über die Gefühle

light

Übernimm die Verantwortung für all deine Gefühle,
nimm sie wahr und verdränge sie nicht.

kompakt

Dieser KÖNIG hat die schwierige Aufgabe, die Verantwortung für das emotionale Wasserreich zu tragen. Aber Gefühle wollen einfach fließen, gehören in das unbewusste Empfinden der Menschen. Seine Herrschaft gelingt ihm nur, weil er eine klare Distanz zum Wasser schafft. So droht er nicht, sich darin zu verlieren. Durch das blaue Kleid ist der König mit dem Wasser und mit der Luft verbunden. Die Luft hilft ihm, den Überblick zu bewahren. Ein Fisch schmückt seine Halskette. Kopfschmuck und Umhang sind gelb und rot und zeugen von kraftvollem und sonnigem Leben. Als König der Gefühle ist er auch der König des Herzens.

AS der SCHWERTER
II
III
IV
V
VI
VII
VIII
IX
X

Die Kartenreihe der **Luft**

Ass der Schwerter

Geistige Klarheit

light

Nutze dein Potenzial der geistigen Klarheit und der hohen Bewusstseinsfähigkeit.

Du findest die richtigen Worte.

kompakt

Das ASS DER SCHWERTER weist den Weg nach oben; es durchsticht mit seiner Klinge die Krone des Erdhaften und übernimmt den unbegrenzten Luftraum. Gedanken können abheben, den Boden der Realität verlassen. Das Ass der Schwerter ist das Geschenk der unbegrenzten Imagination, der großen Vorstellungskraft. Alles gehört zur Luft: die Klarheit des Verstandes, das Denken, das bewusste Wahrnehmen, die Auseinandersetzung mit allen Themen der Welt und die Möglichkeit, über die Sprache mit Menschen auf dem ganzen Erdball zu kommunizieren.

Zwei der Schwerter

light

Signalisiere mit deiner Haltung, deiner inneren Ausgeglichenheit, dass du in deinen Gedanken von nichts und niemandem gestört werden möchtest.

kompakt

Ein Mensch in weißer Kleidung sitzt am Ufer des Wassers. Das Weiß deutet auf eine enorme Offenheit. Die Körperhaltung strahlt Konzentration aus. Gerade weil die Augen verbunden sind, richtet sich die Aufmerksamkeit nach allen Richtungen. Nur der Blick geht nach innen. Der kleine zunehmende Mond und die beiden Schuhe sind leuchtend gelb wie Sonne und Mond oder die Erleuchtung in beidem. Mit ihren gekreuzten Armen und den beiden Schwertern signalisiert diese Figur klare Abgrenzung, um sich den inneren Frieden zu sichern.

Drei der Schwerter

Herzschmerz

light

Nimm deine Verletzung wahr und ernst. Gib deinen Gedanken, deinem Schmerz Ruhe, Zeit und auch Tränen, damit er organisch heilen kann.

kompakt

Ein verletztes, gebrochenes Herz, ein schmerzendes Herz ist zu sehen. Kein Mensch ist auf dem Bild, nur das Leiden selber in Form des von drei Schwertern durchbohrten Herzens. Kein Blut, aber viele Tränen. Dichte Wolken drängen sich über dem Herz zusammen, und es regnet. Sie und die Schwerter verweisen auf Luft. Der Herzschmerz findet also im Kopf statt, in den Ideen, Gedanken, der Wahrnehmung. Im bewusst wahrgenommenen Schmerz liegt zugleich die Heilung. Erst wenn die drei Schwerter aus dem Herzen gezogen werden, können die Wunden heilen. So gesehen, ist die Heilung selber schmerzhaft.

Vier der Schwerter

Meditation

light

Zieh dich zurück, in Entspannung, Versenkung oder auf einsame Pfade. Zieh dich zurück in dich selbst und lass die Ablenkungen des Lebens draußen. Du wirst merken, wann der Zeitpunkt gekommen ist, wieder aktiv zu sein.

kompakt

Das goldene Schwert der Klarheit und der Erleuchtung liegt dem Schläfer zu Grunde. Der Rückzug in die Versenkung, in die eigene Mitte, bringt Erkenntnis. Nach außen schläft er, nach innen ist er hellwach. Hände und Arme bilden ein Dreieck, das wie eine Schwertspitze nach oben weist in die Sphären des Geistes, ins Universum. Über dem Schläfer zeigen drei Schwerter von oben nach unten, vermitteln ihre Wahrheit messerscharf. Draußen geht das bunte Leben weiter.

Fünf der Schwerter

Sieg oder Niederlage

light

Lohnt sich der Kampf? Relativiere: Was verlierst du,
wenn du gewinnst, oder was gewinnst du, wenn du verlierst?

kompakt

Drei Menschen sind zu sehen. Über den hellblauen Himmel ziehen Wolkenfetzen. Das Wasser im Hintergrund ist unruhig und das andere Ufer weit entfernt. Was ist hier vorgefallen? Ein Kampf, ein Gefecht mit scharfen Zungen? Die Figur im Vordergrund hält drei Schwerter in den Händen. Zwei liegen nutzlos am Boden, hingeworfen, zurückgelassen. Eine Figur schultert ihren Mantel und verlässt den Ort. Eine weitere Person steht ganz nah am Wasser, den Tränen nahe. Fünf Schwerter und drei Menschen: Mit Abrechnung ist dieser Konflikt nicht zu lösen, es sei denn, Sie können FÜNF gerade sein lassen.

Sechs der Schwerter

Überfahrt

light

Nach der Entscheidung, deiner Vergangenheit den Rücken zu kehren, bist du nun etwas schweren Herzens unterwegs.

Es ist gut, das neue Land im Blickfeld zu haben.

kompakt

Die drei Menschen im Boot haben die Vergangenheit hinter sich gelassen. Ihre Haltung macht deutlich, dass die Entscheidung nicht leicht war. Die Sehnsucht nach einer Bleibe, die anders sein soll, zeigt sich hellblau am fernen Ufer. Im Hier und Jetzt sind sie unterwegs, schwimmen zwischen Vergangenheit und Zukunft. Menschen und Boot sind in Erdtönen gehalten und zeugen so von Sicherheit und Zugehörigkeit. Die Wellen jedoch sind aufgewühlt. Der schwarze Stab des Fährmannes zeigt den Verlust des Zurückliegenden. Nur die Schwerter erinnern daran.

Sieben der Schwerter

Fortschleichen

light

Lass den Kampfplatz hinter dir. Eine Auseinandersetzung muss nicht immer sein, und nicht um jeden Preis.

Nimm einfach deinen Teil mit dir und geh.

kompakt

Ein Mensch stiehlt sich am helllichten Tage auf leisen Sohlen davon. Verstohlen blickt er zurück. Im Hintergrund links bewegen sich Menschen in einer Wolke, sind in ein Handgemenge verstrickt. Rechts im Bild liegt eine Zeltstadt, die an ein königliches Lager erinnert. Es geht um Macht. Für die Person im Vordergrund ist eine Grenze erreicht: zwei aufrecht im Boden steckende Schwerter und eine Trennlinie am Boden markieren sie. Fünf Schwerter trägt die Figur mit sich. Es ist ihr Anteil an der Geschichte. Dieser Auseinandersetzung um die Wahrheit kann sie sich nicht entziehen.

Acht der Schwerter

Aushalten

light

Im Moment stehst du dir selber im Weg. Es ist nicht Zeit zum Handeln und auch nicht, um durchzublicken und weiter zu sehen.

Aushalten ist angesagt.

kompakt

Eine Person steht mit acht Schwertern in einer Reihe, fünf stecken zu ihrer linken und drei zu ihrer rechten Seite. Die Zielrichtungen aller Schwerter sind in der Erde verborgen; sie stecken dort fest. Die Augen der Figur sind verbunden und die Arme sind an ihren Körper geschnürt. Sie hat also weder Durchblick noch kann sie handeln. Den einzigen Durchgang zwischen den Schwertern verschließt sie mit ihrem eigenen Körper. Sie steht sich damit selber im Weg. Die festgefahrenen Muster der alten Türme im Hintergrund ziehen sie zurück. Ein Weg ist nicht erkennbar. Es ist Stillstand inmitten aller Gedanken.

Neun der Schwerter

Albtraum

light

Du lebst wie in einem Albtraum, hast Angst vor der Angst.
Um wen geht es eigentlich? Mach Licht und schaffe Klarheit;
verscheuche die dunklen Gedanken, die dich bedrücken.

kompakt

Ein Mensch ist nachts aus einem Traum oder aus dunklen Gedanken aufgeschreckt. Der Kopf liegt schwer in seinen Händen. Sorgen plagen ihn, Angst um etwas, das er gern hat, lässt ihn nicht schlafen. Auch die Decke mit den roten Rosen bleibt ihm unsichtbar, weil er seine Augen bedeckt. Ein dunkles Ohnmachtsgefühl überschattet die Klarheit. Das Denken kreist um all das, was passieren könnte: Angst vor der Angst. Wie Damokles-Schwerter schweben die neun scharfen Messer des Schicksals im Raum. Sie weisen alle den Weg nach rechts, vielleicht zum neuen Tag, zurück zur Kontrolle.

Zehn der Schwerter

Festgenagelt

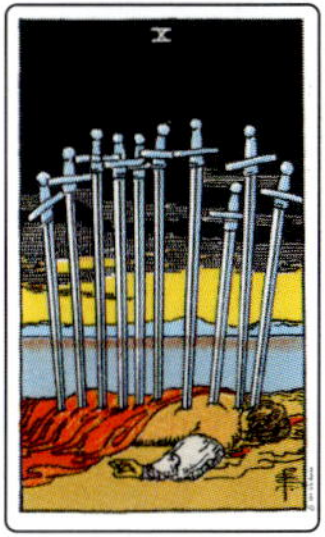

light

Du weißt, es wird wieder besser. Aber jetzt leidest du und fühlst dich als Opfer. Du scheinst am Boden zerstört zu sein. Ist der Weg des Leidens und Jammerns wirklich dein Weg? Willst du gesund werden?
Dreh den Spieß um und ergreif die Eigeninitiative oder lass dir helfen.

kompakt

Die Bildsprache zeigt überdeutlich einen Menschen, der extrem fixiert ist. Gedanken, Vorstellungen, Erinnerungen, ganze Denkkonzepte nageln ihn auf der einen Stelle fest. Sein Rückgrat ist geschwächt, verletzt, symbolisch gebrochen. Aufrecht gehen ist im Moment unmöglich. Was alles zwingt so zu Boden, zum totalen Aufgeben, zur Hingabe und zur Selbstaufopferung? Erst wenn der Schmerz in seiner ganzen Dimension begriffen wird, ist Heilung möglich. Sie kommt durch Erkenntnis.

Bube der Schwerter

Frischer Wind

light

Pack es an, auch wenn du dich am Anfang noch etwas unsicher fühlst. Du wirst dir Luft verschaffen, handlungsfähig werden und Neues entdecken.

kompakt

Der BUBE DER SCHWERTER bringt Bewegung in die Lüfte. Die Stimmung ist windig, der Himmel klart auf. Jetzt ist geistige Bewegung notwendig, um eine Zielrichtung zu finden. Die Wolken wirbeln, Vögel kreisen. Der Bube steht mit dem linken Fuß fest auf dem Boden, dreht sich weg und schaut in eine andere Richtung, tippt mit der Spitze seines rechten Fußes auf die Erde hinter sich und lässt sein Schwert steigen. Alle Windrichtungen lotet er aus. In roten Stiefeln ist er nach allen Seiten orientiert, ist auf der Suche nach seinem Weg, hört aufmerksam hin, von welcher Seite der Wind weht.

Ritter der Schwerter

Zielgerichtet

light

Nur eines hast du im Kopf:
vorwärts zu kommen und dein Ziel zu erreichen,
ohne dich ablenken zu lassen von den Nebensächlichkeiten des Alltags.

kompakt

Der RITTER DER SCHWERTER spornt sein Pferd zu Höchstleistungen an. Vorwärts jagt er, getrieben von seinen wilden Gedanken, dem Ziel entgegen. in Windeseile und unbeeindruckt von all dem, was sich links und rechts an seinem Weg zeigt. Nichts kann ihn aufhalten. Unruhe und Rastlosigkeit zeigen sich in der Luft, im Gegenwind, in den zerfetzten Wolken und den vom Wind gepeitschten Bäumen. Das Schwert des Ritters ist nach vorne gerichtet, nach oben in höhere Sphären des Denkens. Es sucht Entscheidung, Auseinandersetzung, Klärung und Bestätigung.

Königin der Schwerter

Abgeschnitten

light

Befrei dich, auch wenn es weh tut. Es ist nicht Zeit für Gefühle, behalte deine Gedanken klar im Kopf. Steh zu deiner Entscheidung.

kompakt

Diese KÖNIGIN weist mit ihrer Hand in dieselbe Richtung, in die auch ihr klarer Blick gerichtet ist. Sie weiß, was sie nicht mehr will, nämlich das, was hinter ihr liegt. Das hat sie abgeschnitten; die Kordel am Handgelenk zeugt noch von früherer Anbindung. Der Himmel über ihr ist blau, wolkenlos klar. Ein einziger Vogel kreist als Gedanke über ihrer Schmetterlings-Krone, die den Wandel zeigt. Wolken zieren ihren Umhang. Wolken vernebeln auch den Bauchraum und schützen sie noch vor Gefühlen. Nur der rote Schuh auf goldgelbem Boden weist kraftvoll in den neuen Lebensabschnitt.

König der Schwerter

Verstand

light

Nutze die Klarheit des Denkens, nimm mit scharfem Verstand wahr, was nötig ist, und gebrauche deine analytischen und geistigen Fähigkeiten. Argumentiere verantwortungsvoll.

kompakt

In aufrechter Haltung sitzt der KÖNIG DER SCHWERTER auf seinem Schmetterlings-Thron und schaut mit Weitblick in die Welt. Sein Schwert hält er ein wenig geneigt und wirkt so zwar klar und konsequent, aber nicht hart. Er trennt nicht, richtet nicht und kämpft auch nicht. Die Spitze seines Schwerts scheint in den Höhen der Lüfte nach geistiger Nahrung zu suchen. Die geistige Welt, Gedanken, Intellekt und Verstand gehören zu seinem Reich. Sein blaues Kleid fließt weich, fast wie Wasser, über seinen Körper. Sein Mantel ist außen purpurrot und strahlt Gesetztheit aus, innen jedoch ist feurig rote Aktion.

AS der MÜNZEN

II

III

IV

VI

VII

VIII

IX

X

*Die Kartenreihe der **Erde***

Ass der Münzen

Wert

light

Die Welt liegt dir zu Füßen. Nutze deinen Weg des Wachstums und durchschreite das Tor zur Lebensfülle.

Je mehr du verschenkst, desto mehr hast du.

kompakt

Das ASS DER MÜNZEN repräsentiert den höchsten Wert, unsere irdische Heimat. Ihre Anziehungskraft hält uns hier auf diesem Planeten lebenslang fest und gibt uns Halt und Sicherheit. Es ist ein Geschenk, in dieser üppigen Sinnlichkeit auf der Erde wandeln zu dürfen, den Blumen, Feldern, Bergen, der ganzen Natur auf unseren Wegen zu begegnen und das Tor des Wachstums zu durchschreiten. Erde ist alles, was mit den fünf Sinnen erfasst werden kann. Das Pentagramm (Fünfeck), die Münze, ist ihr Symbol. Erde ist Leben, Wachsen und Sterben. Wir gehören zum großen Kreislauf der Natur.

Zwei der Münzen

Fließgleichgewicht

light

Es ist nicht Zeit, um mit beiden Füßen fest auf dem Boden zu stehen, sondern du sollst mit den verschiedenen Werten und Möglichkeiten in deinem Leben spielen und so in ein fließendes Gleichgewicht kommen.

kompakt

Ein Mensch, narrenähnlich mit seiner Mütze, jongliert mit zwei Münzen, hin und her, immer wieder. Hinter ihm wogt das Wasser in hohen Wellen, aber der Boden, auf den er tritt, ist fest. Auch die beiden Schiffe machen das Wellenspiel mit. So viel bewegtes Wasser auf dieser Erdkarte zeigt die Suche nach dem Gleichgewicht, dem Gleichgewicht des Fließens zwischen erdiger Sicherheit und gefühlvollen Wellen. Die beiden Münzen liegen in einer Lemniskate, im Unendlichkeitszeichen, und fordern ein immer währendes Spiel des Ausgleichs dieser beiden Werte.

Drei der Münzen

Zusammenarbeit

light

Mach nicht alles allein! Prüf die Möglichkeit einer Zusammenarbeit, einer Verbindung und Ergänzung unterschiedlicher Kräfte, Temperamente und verschiedener Kompetenzen.

kompakt

Drei Menschen sind sich in einem Gewölbe zugewandt, sind wertschätzend im Gespräch. Jeder der drei hat eine ganz andere Rolle, eine andere Kleidung und andere Utensilien. Sie bringen ihre Kompetenzen für ein großes Werk zusammen. Die Karte der drei Münzen ist die einzige Münz-Karte, auf der die Pentakel noch nicht leuchtend gelb sind. Das Werk ist noch nicht vollendet. Der Abt ist der Bauherr; er erteilt den Auftrag. Der Architekt zeichnet den Plan, berechnet die Stabilität und setzt sein Zeichen für die Formvollendung. Der Handwerker nimmt sein Werkzeug in die Hand und setzt den Plan in die Tat um.

Vier der Münzen

Kleines Königreich

light

Halte im Moment zusammen, was du hast und gib nichts weg.
Sichere dich ab und schütz dich und dein kleines Reich.

kompakt

Der kleine König auf der Karte umgibt sich dicht mit seinen Münzen.
Er ist der Hüter seiner eigenen Werte. Wie in einer rituellen Handlung bezieht sich alles auf das Zusammenhalten dieser Werte. Eine zentrierende Bewegung mit beiden Armen dreht die Münze wie zum Schutz vor seine Herzgegend. Die Krone ist mit einer Münze überhöht und zeigt damit Sicherheit in der Begrenzung des Raums. Auf der Erde können die beiden Füße dank Unterstützung zweier weiterer Münzen standhaft sein. Der Blick nach vorn ist wach, der Hintergrund der Szene weltlich.

Fünf der Münzen

Zugehörigkeit

light

Du bist verunsichert, wohin du gehörst oder gehören willst.
Überlege, ob du deine bisherige Zugehörigkeit
zu Gunsten einer neuen Lebensform aufgeben willst.

kompakt

Zwei Menschen, Bettlern ähnlich, eilen frierend an einem hell erleuchteten Fenster mit prunkvollen Scheiben vorbei. Keine Tür ist sichtbar. Die traditionellen Werte zeigen sich in den fünf Münzen so deutlich, dass klar wird, dass die beiden Menschen nicht dazu gehören oder nicht dazu gehören wollen. Sind die beiden ausgegrenzt worden oder haben sie sich entschlossen, den Weg aus der Norm heraus selber zu wählen, gemeinsam, um eigene neue Wege zu gehen? Beide Möglichkeiten verursachen zunächst Befremdung und Distanz. Der Winter ist noch kalt.

Sechs der Münzen

light

Um richtig geben zu können, musst du auch richtig annehmen können, und das richtige Maß ist jedes Mal neu abzuwägen.

kompakt

Nur in der demütigen Haltung eines Bettlers ist das Empfangen eines Geschenks wirklich möglich. Selbstloses Annehmen und ein schlichter Dank sind das schönste Geschenk für den Geber. Diese Karte zeigt eindrücklich, in welcher Rolle sich die Menschen lieber sehen und was auch einfacher zu sein scheint. Geben ist leichter als Nehmen! Annahme und Hingabe, Demut und Großzügigkeit, Beschenken und Empfangen sind die zwei Seiten derselben Medaille. Schenken ist nur dem möglich, der auch die Größe hat anzunehmen.

Sieben der Münzen

Standortbestimmung

light

Es ist Zeit für eine Standortbestimmung. Schau zurück und staune über alles, was du geschaffen hast. Nimm dann aber nur noch eine Sache ins Zentrum und mach damit kraftvoll weiter.

kompakt

Eine Person stützt sich mit beiden Händen auf einen erdbraunen Stab, der das Bild teilt. Links ist die Vergangenheit mit einem gewachsenen Busch voller Münzen. Die Figur betrachtet die in der vergangenen Zeit erschaffenen Früchte der Arbeit. Erst nach diesem wertschätzenden Blick kann sie sich der einzigen Münze im Zentrum zwischen ihren beiden Füßen zuwenden und ihr mit dem roten Stiefel den nötigen Schub geben. Die rechte Seite, die der Zukunft, ist noch unerforscht und frei für Neues, offen für neu zu schaffende Werte.

Acht der Münzen

Wertschätzung

light

Arbeite mit Hingabe und Liebe an deinem Werk weiter
und betrachte es Stück für Stück mit großer Wertschätzung.

kompakt

Ein Handwerker sitzt auf einer braunen Holzbank und bearbeitet eine weitere Münze. Sein Tun ist in vielfachem Sinne Wert vermehrend. Er veredelt mit seinen Werkzeugen die Pentakel, die Fünfecke, hängt sie sichtbar für alle, die vorbei kommen, auf und er liebt seine Arbeit offensichtlich. Seine ganze Hingabe gehört dem Moment. Er gibt sich dem Arbeitsprozess geradezu meditativ hin. Er prägt seine Arbeiten, und die Arbeit prägt ihn. Das gibt ihm Sinn.

Neun der Münzen

Sein

light

Dein Garten ist fruchtbar und ermöglicht dir Ruhe und Verweilen ebenso wie sinnvolles Handeln. Wenn jemand etwas von dir will, so muss er an deine Tür klopfen.

kompakt

Die Gärtnerin ist selber Teil ihres Gartens. Die Trauben sind reif, die Münzen zahlreich. Ihr Kleid ist voller Blumen, die als Venus-Symbole gezeichnet wurden. Wachstum gelingt mühelos. Weibliche Energie heißt, sich diesem Garten hinzugeben, die Zeit zu vergessen, in der Fülle einfach zu sein. Die Frau scheint in Trance zu sein, in Verbindung mit innen und außen. Sie verbindet die Erde mit den Lüften des Himmels, das Langsame, verkörpert in der kleinen Schnecke unten links, mit dem Schnellen, dem Falken auf ihrer Hand. Jederzeit kann die Gärtnerin ihn fliegen, jagen lassen. Sie ist Gärtnerin und Jägerin.

Zehn der Münzen

Lebensfülle

light

Du bist Teil des großen Ganzen, des Lebens, gehörst zu allen Generationen, Tieren, Pflanzen, zur Umwelt und allem Sein.

Sei dem Leben auf diese Art und Weise verbunden und zugetan.

kompakt

Ein alter Mann sitzt als Magier in seinem kraftvoll leuchtenden Gewand am Rande des Bildes. Er strahlt Ruhe aus und betrachtet wissend das Leben aus der Distanz. Zwei helle Hunde wenden sich ihm instinktiv zu. Die Stadtmauern schützen vor dem Dämonischen der Nacht. Mitten im Leben unter dem Torbogen der Stadt unterhalten sich zwei Erwachsene über Gott und die Welt. Am Rocksaum der Frau hält sich ein Kind, streichelt den einen Hund und blickt etwas schüchtern zu dem alten Mann hinüber. Der blaue Himmel ist wolkenlos. Das Leben verbindet alles miteinander. Es ist eine Einheit.

Bube der Münzen

Selbstwert

light

Nimm deinen Selbstwert sorgsam in deine Hände und schenk ihm die gebührende wertschätzende Aufmerksamkeit.

Er ist wunderbar; begreife es.

kompakt

Sonnenkraft erweckt die Natur zur Reife. Der Acker im Hintergrund ist bestellt. Kraftvolle Bäume runden den Garten der Erde ab. Nur der blaue Berg lockt, in die Ferne zu schweifen. Der BUBE steht mit seinen erdbraunen Bein- und Armkleidern, dem grünen Rock und seiner roten Kopfbedeckung im vollen Leben. Achtsam hält er seine Münze in den Händen, erhöht sie und betrachtet sie wertschätzend. Er erkennt seine Verbundenheit mit allem Organischen, mit seinem eigenen Wachstum an. So wie es ist, ist es gut; so wie er ist, ist er gut.

Ritter der Münzen

Hüter der Ernte

light

Bleib stehen und warte auf die Frucht, die du ausgesät hast.
Akzeptier den Kreislauf der Natur und sei eins mit ihm.
Übereile nichts; hüte deine Ernte!

kompakt

Ein starkes Pferd trägt den RITTER der Erde. Er sitzt fest im Sattel auf einer erdbraunen Decke und trägt seine goldene Münze vor sich in der Hand. Er hat Zeit; sein Pferd steht still. Wachstum ziert seinen Helm und auch den Kopf des schwarzen Pferdes. Der Acker ist gepflügt, die Erdfurchen ziehen sich in weiten Linien über das Land hin. Der Ritter hütet die Frucht bis zur Ernte. Das ist seine Aufgabe. Er ist der Bewahrer organischen Wachstums. Die Vorbereitungsarbeit ist getan, jetzt übernimmt die Natur selber ihren Teil und lässt wachsen.

Königin der Münzen

Fruchtbarkeit

light

Deine Sinnlichkeit ist vergleichbar mit dem Wunder des Wachsens.
Du weißt, dass das größte Wunder unsere Erde selber ist.
Du fügst dich diesem Kreislauf in Würde, Liebe und Demut.

kompakt

Die KÖNIGIN DER MÜNZEN sitzt auf ihrem reich verzierten Thron. Mit ihrem weiß-roten Kleid, dem grünen Umhang und der gelben Krone zeigt sie den Kreislauf der Natur: Geburt – Leben – Wachsen – Erleuchten – Sterben. Ihr Blick ist weich und demütig auf die Münze gerichtet, die wie ein Kind in ihrem Schoß liegt. Sie ist ihr wertvoll, und sie behütet sie mit großer Hingabe. Rote Rosen ranken sich an schwarzen Zweigen über ihr und rahmen sie ein. Rot und Schwarz, Tod und Leben – jede Mutter schenkt ihrem Kind mit dem Entstehen auch das Vergehen, also den ganzen Kreislauf des Lebens.

König der Münzen

Reichtum

light

Sei großzügig mit dir selber und deiner Umwelt und genieß das Leben mit all deinen Sinnen in vollen Zügen.

Heute ist ein reicher Tag.

kompakt

Ein wahrhaft reicher KÖNIG sitzt auf seinem Thron, der eingerahmt ist von vier erdhaften Stierköpfen. Die Natur gedeiht üppig und bringt Früchte hervor, die auch seinen Rock über und über zieren. Seine schützende Rüstung tritt dahinter zurück; fast übersieht man sie. Er sitzt im Garten seines Schlosses mit den verschiedenfarbigen Türmen. Münze und Zepter scheinen aus ihm heraus zu wachsen, sonnengelb und strahlend wie auch der ganze Himmel ist. Sein Blick zeigt eine tiefe Verbundenheit mit dem Dasein auf der Erde.

Legemuster

So geht's:

1. Passendes Legemuster wählen.
2. Karten mischen und gemäß Vorlage verdeckt hinlegen.
3. Die Karten nacheinander aufdecken und jedes Mal Bild und Kernsatz miteinander verknüpfen. Eigene Antwort kreieren.
4. Als Anregung entsprechende Kartentexte im Booklet dazu lesen.
5. Wenn alle Bilder offen liegen, das neu Entdeckte als Zusammenfassung in einen Schlusssatz packen.

Ein Ziel ruft mich

Legemuster

2
Dieses Ziel ruft mich von ferne.

4
Das unterstützt meinen Weg.

3
Dieser Weg führt mich zum Ziel.

5
Das behindert meinen Weg.

1
Um dieses Thema geht es mir.

Soll ich … oder soll ich nicht?

Legemuster

1	**3**	**4**	**2**
Damit begründe ich mein NEIN.	Das verunsichert mich.	Eigentlich ist mir das am wichtigsten.	Damit begründe ich mein JA.

Beziehungsklärung

Legemuster

1

Dieses Thema steht zwischen uns.

2

Das repräsentiert mich in Bezug zu dir.

3

Das repräsentiert dich in Bezug zu mir.

4

Das würde uns beiden gut tun.

Meine 3 inneren Ratgeber

Legemuster

5

Dahin soll es wachsen. So setze ich den Rat um.

2

Ratgeber des Herzens: Auf das hast du Lust.

3

Ratgeber der Vernunft: Das ist realistisch.

4

Ratgeber des Tatendrangs: Pack es doch so an

1

Dazu brauche ich Rat. Um dieses Thema geht es mir.

Antworten

Zieht man immer die richtige Karte?

Jeder Mensch ist die Verbindung aus allen 78 Tarotkarten. Jede einzelne Karte ist ein Ausschnitt davon, der jetzt zufällt. Nur der Zufall hat alle Möglichkeiten.

Ist es schwierig, Tarot zu deuten?

Nein, weil die Bildsprache unsere erste Sprache der Kindheit ist.

Ja, wenn wir dies vergessen und Leistung erbringen wollen.

Werden umgekehrt liegende Karten auch umgekehrt gedeutet?

Das kann man als Einstieg so machen. Es reduziert aber Tarot auf ein Entweder-oder-System. Die Bildsprache hat viel mehr als nur zwei Deutungsmöglichkeiten – schöpfen Sie sie aus.

Antworten

Müssen die Karten mit der linken Hand gezogen werden?

Nein, »müssen« ist eh falsch. Die linke Hand kommt vom Herzen, die rechte greift zu. Beides ist sinnvoll. Schön ist, ein eigenes Ritual von Mischen, Abheben und Ziehen der Karten zu erfinden.

Wie fange ich an, mit Tarot zu arbeiten?

Ohne Druck, mit Neugierde und kindlichem Bilderbuchblick. Mischen – schauen – sich überraschen lassen – staunen – erkennen – integrieren.

Änderungen

- Waite hat die beiden Karten VIII und XI der großen Arkana ohne Begründung vertauscht. Früher war VIII die GERECHTIGKEIT und XI die KRAFT.
- Die Karte XIX SONNE zeigt in den alten Decks zwei Kinder, die versöhnt unter der Sonne spielen.
- Die Karte VI die LIEBENDEN zeigt im alten Tarot unter Amors Pfeil einen Jüngling, der zwischen Mutter und Geliebter wählen muss.

Haben Sie Lust auf mehr Tarotwissen?

Dann empfehle ich Ihnen mein Buch »Im Dialog mit den Bildern des Tarot« mit einem Poster aller 78 Karten. Darin finden Sie Hintergrundwissen und genügend Werkzeuge, um die Karten gut zu nutzen.

Haben Sie Lust auf mehr Tarotbilder?

Dann empfehle ich Ihnen die Karten des 21. Jahrhunderts von Kitty Kahane mit Booklet Lilo Schwarz: »Im bunten Spiegel des Kitty Kahane Tarot«.

Herzlichen Glückwunsch

Sie haben ein wunderbares Instrument entdeckt, welches Ihnen hoffentlich im bereichernden Sinn zu denken gibt.

Viel Freude, Erkenntnisse und Erfolg wünsche ich Ihnen

Lilo Schwarz

Privat

Privat

... *Ganz einfach – Der schnelle und einfache Einstieg ins Kartenlegen*

hochwertige Sets mit Original-Karten und Anleitungsbüchern von namhaften Autoren zum Einsteigerpreis

Regula E. Fiechter
Kipper Wahrsagekarten
Original Kipper-Karten
und Anleitungsbuch
ISBN 10: 3-03819-118-3
ISBN 13: 978-3-03819-118-6

Regula E. Fiechter
Lenormand ganz einfach
Original Lenormand-
Karten »Blaue Eule«
und Anleitungsbuch
ISBN 10: 3-03819-171-X
ISBN 13: 978-3-03819-171-1

Regula E. Fiechter
Kartenlegen ganz einfach mit Spielkarten
Original Piquet-Karten
und Anleitungsbuch
ISBN 10: 3-03819-170-1
ISBN 13: 978-3-03819-170-4

Gerd B. Ziegler
Crowley ganz einfach
Original Aleister Crowley®
Thoth Tarot und farbiges
Anleitungsbuch
ISBN 10: 3-03819-090-X
ISBN 13: 978-3-03819-090-5

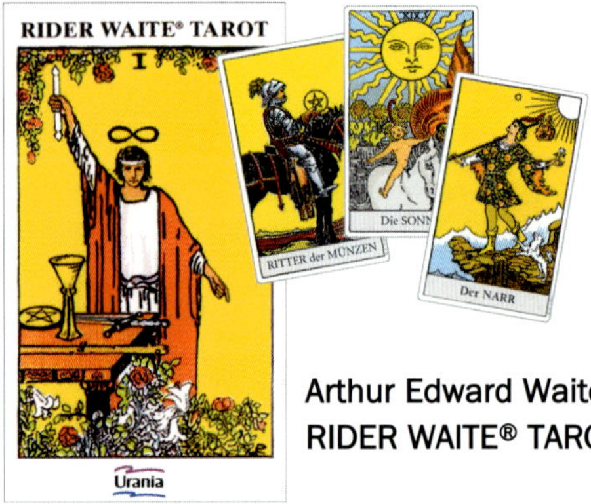

Arthur Edward Waite
RIDER WAITE® TAROT

Standard: 78 Karten (7 x 12 cm) mit Anleitung
ISBN 10: 3-905021-30-7; ISBN 13: 978-3-905021-30-1
Pocket:78 Karten (5,7 x 8,9 cm)
ISBN 10: 3-905021-44-7; ISBN 13: 978-3-905021-44-8
Mini: 78 Karten (4,4 x 7,4 cm),
ISBN 10: 3-905021-45-5; ISBN 13: 978-3-905021-45-5

UNIVERSAL WAITE®
TAROT

Standard: 78 Karten (7 x 12 cm) mit Anleitung
ISBN 10: 3-03819-004-7; ISBN 13: 978-3-03819-004-2
Pocket: 78 Karten (5,7 x 8,9 cm)
ISBN 10: 3-03819-015-2; ISBN 13: 978-3-03819-015-8
TINY: 78 Mini-Karten im Schlüsselanhänger (2,1 x 3,5 c
ISBN 10: 3-03819-027-6; ISBN 13: 978-3-03819-027-1

Arthur Edward Waite

DER BILDERSCHLÜSSEL

SET: 78 Karten (7 x 12 cm) und Buch

ISBN 10: 3-03819-071-3; ISBN 13: 978-3-03819-071-4

BUCH. (220 Seiten)

ISBN 10 3-03819-070-5; ISBN 13: 978-3-03819-070-7

Hajo Banzhaf

DER UNIVERSAL WAITE TAROT

SET: 78 Karten (7 x 12 cm) und Buch

ISBN 10: 3-03819-006-3
ISBN 13: 978-3-03819-006-6